TRADIÇÃO APOSTÓLICA DE HIPÓLITO DE ROMA

Dados Internacionais de Catalogação na Publicação (CIP)
(Câmara Brasileira do Livro, SP, Brasil)

Tradição apostólica de Hipólito de Roma : liturgia e catequese em Roma no século III / tradução de Maria da Glória Novak ; introdução de Maucyr Gibin. – Petrópolis, RJ : Vozes, 2019. – (Coleção Clássicos da Iniciação Cristã).

1ª reimpressão, 2024.

ISBN 978-85-326-6057-2

Título original: Apostoloké Paradosis

Bibliografia.

1. Catequese – Igreja Católica 2. Hipólito de Roma, Santo 3. Igreja – História – Igreja primitiva 4. Igreja Católica – Liturgia 5. Padres da Igreja primitiva 6. Roma – história da Igreja – Século 3 I. Novak, Maria da Glória. II. Gibin, Maucyr.

04-6561 CDD-268.811

Índices para catálogo sistemático:

1. Catequese e liturgia : Igreja primitiva : Cristianismo   268.811

TRADIÇÃO APOSTÓLICA DE HIPÓLITO DE ROMA

Liturgia e catequese em Roma no século III

Tradução de Maria da Glória Novak

Introdução de Maucyr Gibin, S.S.S.

Petrópolis

Tradução do original em grego intitulado: Ἀποστολική Παράδοσις
(Apostoloké paradosis)

© desta tradução:
1971, 2019, Editora Vozes Ltda.
Rua Frei Luís, 100
25689-900 Petrópolis, RJ
www.vozes.com.br
Brasil

Todos os direitos reservados. Nenhuma parte desta obra poderá ser reproduzida ou transmitida por qualquer forma e/ou quaisquer meios (eletrônico ou mecânico, incluindo fotocópia e gravação) ou arquivada em qualquer sistema ou banco de dados sem permissão escrita da editora.

CONSELHO EDITORIAL

Diretor
Volney J. Berkenbrock

Editores
Aline dos Santos Carneiro
Edrian Josué Pasini
Marilac Loraine Oleniki
Welder Lancieri Marchini

Conselheiros
Elói Dionísio Piva
Francisco Morás
Gilberto Gonçalves Garcia
Ludovico Garmus
Teobaldo Heidemann

Secretário executivo
Leonardo A.R.T. dos Santos

PRODUÇÃO EDITORIAL

Aline L.R. de Barros
Marcelo Telles
Mirela de Oliveira
Otaviano M. Cunha
Rafael de Oliveira
Samuel Rezende
Vanessa Luz
Verônica M. Guedes

Conselho de projetos editoriais
Luísa Ramos M. Lorenzi
Natália França
Priscilla A.F. Alves

Editoração: Ana Kronemberger
Diagramação: Sheilandre Desenv. Gráfico
Revisão gráfica: Nilton Braz da Rocha
Capa: WM design

ISBN 978-85-326-6057-2

Este livro foi composto e impresso pela Editora Vozes Ltda.

Sumário

Prefácio **7**

Introdução **11**

Referências **43**

Glossário **47**

Siglas **59**

Texto **63**

Apêndice **117**

Índice escriturístico **143**

Índice analítico **149**

Índice sistemático **161**

Prefácio

O intenso desejo de renovação que invade quantos se dedicam à Igreja de hoje não obscurece o dever de fidelidade. Os autênticos profetas de uma Igreja sempre nova, bela e sem ruga, voltam-se para as fontes de sua inspiração e procuram seguir a voz do Espírito Santo que sempre conduziu os movimentos do povo de Deus para os caminhos da liberdade. Estar voltados para o porvir não implica revolta contra o passado. Sobretudo quando se considera a Fé numa linha de compromisso com a história de cada tempo.

Foi essa convicção que levou Hipólito e Justino a defenderem a fé e a se dedicarem ao estudo das mais puras tradições da Igreja nascente.

A tradução e publicação de textos patrísticos sobre Catequese e Liturgia responde a uma necessidade concreta. Num momento decisivo de renovação e mudanças, eles trazem até nós as luzes dos primórdios. Para o confronto de nossa fé atual com o Evangelho, os escritos dos Padres da Igreja são preciosos subsídios. Eles viveram mais próximos daqueles que conviveram com o Mestre. Conheceram mais de perto suas intenções, suas exigências e as dimensões da novidade do cristianismo. Eles nos ajudam a compreender mais profundamente o que faz parte da autêntica tradição e a distinguir o essencial de tudo o que é poeira que as vicissitudes dos tempos acumularam.

A *Tradição apostólica* de Hipólito de Roma nos apresenta a descrição mais completa da vida da Igreja de Roma no início do terceiro século. Aos textos de Hipólito se acrescentaram os textos catequético-litúrgicos de São Justino, mártir. Publicados na Coleção *Fontes da Catequese*, estes textos, de grande importância na vida da Igreja, são novamente oferecidos aos leitores pela Editora Vozes.

Esta publicação atinge de modo especial a *renovação litúrgica*. Mostra bem claramente a urgência de uma iniciação séria à fé, ao batismo, à vida cristã, à constituição da assembleia litúrgica. Somente assim a Eucaristia voltará a ter seu verdadeiro lugar e sua plena significação, tornando-se fonte de caridade, móvel do amor fraterno e expressão consciente da unidade eclesial. Somente assim a preparação dos neófitos permitirá a formação de uma assembleia "ativa, consciente e piedosa". Somente um aprofundamento da fé dará aos cristãos de hoje a possibilidade de uma participação frutuosa na celebração dos santos mistérios.

É uma alegria imensa para todos que nos dedicamos à renovação darmos novamente ao público a versão dos textos de Hipólito e Justino, mártires que testemunharam com o próprio sangue a verdade e a força de salvação que encerra a doutrina que pregavam.

Maria da Glória Novak, além de traduzir, enriqueceu a obra com um precioso glossário e vários índices.

A todos que lerem essas páginas, vai nossa simpatia e a certeza de um crescimento na unidade da mesma fé.

Maucyr Gibin, S.S.S.

Introdução

I. Hipólito, uma personalidade na história da Igreja

Os dados biográficos de Hipólito são bastante confusos. Uns fazem dele brilhante sacerdote da Igreja de Roma, fecundo escritor e até mesmo bispo. Santo Ambrósio, Jerônimo, Gregório de Elvira o citam abundantemente, embora mal-informados a respeito da autoria dos textos que evocam. Setenta anos após sua morte, Eusébio atribuiu-lhe escritos, sem no entanto identificar sua procedência: "Hipólito, chefe de uma Igreja... deixara cartas e diversas composições". Também Jerônimo o cita como bispo, sem identificar o lugar de sua sede[1].

---

1. Eusébio, *Historia Eccl.* VI,X.

Até o ano de 1850 caiu no esquecimento e faltam informações precisas a seu respeito. Isso talvez se deva ao fato de ser o último escritor que se utilizava da língua grega em Roma, já quando poucas pessoas se dedicavam ao cultivo de tal idioma que caíra em desuso, no Ocidente, a partir do século III. A isso sem dúvida se deva o fato de suas obras terem sido deixadas no olvido durante tanto tempo.

Hipólito é considerado escritor erudito, embora à moda de seu tempo, transmitindo o que os manuais oferecem em conhecimentos, sem recorrer às fontes e muito menos citá-las. Tenta reconstituir a autêntica tradição apostólica, escrevendo muito despreocupadamente essas lembranças e costumes.

Torna-se *moralista*. Considera a época crítica e difícil da Igreja, comenta o livro de Daniel e, fazendo ressaltar as catástrofes do porvir da humanidade, tira lições, dá conselhos... Pretende assim levar à confiança em Deus, mesmo quando se é perseguido ou incompreendido, fatos esses reais em sua vida agitada.

Como *exegeta*, não permite que a imaginação interprete. Não dispondo ainda de meios críticos, liga-se de modo escravizante ao texto bíblico como este se encontra, sem interrogar se tal capítulo fora escrito em hebraico, aramaico ou se se encontra apenas em grego.

Muito menos se interessa pelos destinatários e em que época tal livro fora escrito. Preocupa-se com o ensinamento que pretende tirar de um texto, como perfeito *alegorista*, sem tomar em consideração a realidade à qual a revelação quer ser resposta.

Tido como bispo, atribuir-lhe-ão as mais diferentes sedes: *Roma* (Apolinário de Laodiceia, Leôncio de Bizâncio), *Porto* – perto de Roma (Anastácio, Jorge Sincelo, em *Chronicon paschale*), e até a metrópole da Arábia (Papa Gelásio). Outros negaram-lhe o episcopado e fazem dele um presbítero romano. Uma inscrição do Papa Dâmaso (366-384) trata Hipólito como presbítero cismático novaciano, o que é certamente falso, pois tal heresia teve início em 251, ao passo que o martírio de Hipólito é registrado juntamente com o de Ponciano (231-235), segundo sucessor de Calisto.

Em todo caso, uma estátua descoberta em Roma (1551) faz supor que era desta cidade e que gozava de prestígio. Também dá a entender que tenha sido bispo, pois acha-se sentado em cátedra episcopal.

A resposta a todo esse emaranhado de questões foi dada com a descoberta de uma obra importante, atribuída a Orígenes: *Philosophoumena*. Conhecia-se então apenas a primeira parte. Os livros subsequentes revelaram que o autor era sacerdote romano, o qual se havia indisposto com o Papa Zeferino. Ainda menos contente com a eleição de Calisto para a sucessão, dividira a comunidade romana, fazendo-se eleger bispo de Roma por uma porção influente do presbitério. Hipólito, portanto, é o primeiro antipapa que a história conhece. Muito embora dividido por motivos de rixas doutrinais, volta à comunhão quando, juntamente com o Papa Ponciano, está a caminho do martírio. Ambos renunciam ao comando da Igreja terrestre, para juntos receberem a coroa da santidade na Igreja una e santa do Cristo ressuscitado. São celebrados como mártires, confessores da mesma fé, no dia 13 de agosto, data histórica da deposição de Ponciano no cemitério dos papas e de Hipólito na via Tiburtina.

Um pouco mais da história e da personalidade de Hipólito.

Em 212, Orígenes, ainda jovem, faz uma viagem para conhecer a "antiquíssima Igreja dos romanos". Lá ouve um sermão sobre a "louvação de nosso Senhor e Salvador". Quem anunciava os louvores de Deus era um sábio sacerdote da Igreja de Roma, de muito prestígio por sua erudição, talentos de escritor e muito relacionado na sociedade.

Presbítero atualizado nos seus conhecimentos religiosos, versado em filosofia grega e familiarizado com os cultos e mistérios orientais. Isto deixa supor que não fosse de origem romana nem latina. Parecia mais um oriental. Tal suposição seria confirmada se considerarmos a influência de sua "Traditio apostolica" nas Igrejas do Oriente.

Nos inícios do século III, os conflitos teológicos sobre a Trindade transformaram Roma num verdadeiro campo de guerra doutrinal. Discussões ásperas e defesas violentas e extremadas faziam-se monarquianistas e antimonarquianistas[2].

Hipólito, discípulo de Ireneu, conforme testemunho de Fócio, lança-se na disputa com a força de sua ciência, o ardor de sua oratória e o zelo de seu temperamento. Não consegue vencer a lei comum: nos momentos de disputa o excesso de zelo conduz a posições extremadas.

Chega a impugnar o Papa Zeferino (198-217), acusando-o de heresia monarquianista. E isso tão somente porque o papa, pouco versado em sutilezas teológicas e avesso às angustiosas reflexões metafísicas, não punha fim aos debates, dirimindo claramente a questão. Bom e possuidor da sabedoria dos homens vividos, Zeferino se limitava a reafirmar, com fórmulas tradicionais, o que

---

2. Os monarquianistas defendiam a unidade de Deus a ponto de não afirmarem claramente o valor das pessoas distintas; os antimonarquianistas tornavam tão acentuada a distinção das pessoas divinas, que corriam o risco de lançar dúvidas sobre a divindade do Cristo verbo encarnado.

cria e professava, mesmo sendo tomado por ignorante. O desapreço do papa pelas formulações precisas fez com que Hipólito o condenasse como ambíguo, portanto cúmplice do erro.

Morto Zeferino, o clero de Roma escolhe Calisto para sucedê-lo. Era o ano de 218 e a situação extremamente tensa. Ex-escravo e de passado muito agitado, Calisto, embora confessor da fé que sobrevivera ao martírio sofrido, era o principal diácono de Zeferino, encarregado da administração dos bens na Igreja de Roma. A sucessão exasperou ainda mais o presbítero romano que se voltou com redobrada veemência contra o novo papa. Este não teve dúvidas em dizer que a doutrina de Hipólito conduziria à afirmação de dois deuses e o qualificou de "partidário dos adoradores de dois deuses". Isso causara profunda mágoa em Hipólito[3].

Por sua vez, Calisto julgou oportuno abrandar a disciplina penitencial da Igreja no que respeita àqueles que pecam gravemente. A Hipólito tal atitude pareceu fraqueza, própria do caráter mole do papa.

Eis o que escreve como reação contra Calisto:

> O primeiro (Calisto) ousara autorizar atos de prazer, dizendo-se capaz de perdoar os pecados

---

3. *Philosophoumena* 9,12,4: PG 16,3383. Cf. a respeito desse incidente D'ALÈS, A. *La Théologie de St. Hippolyte*. Paris, 1906.

de todo mundo. Qualquer pessoa que se deixasse seduzir por outra, poderia ser perdoada se fosse cristã de nome e aderisse à escola de Calisto... Queria aplicar no caso as palavras do apóstolo: "Quem és tu para julgar o servo de outrem?" (Rm 14,4) e ensinava que a parábola do joio – "Deixai crescer a erva má juntamente com o trigo" (Mt 13,30) – se aplicava àqueles que cometessem pecados após sua entrada na Igreja. Calisto afirmava ainda, diz Hipólito, que a arca de Noé era figura da Igreja e aí se encontravam cães, lobos, urubus e toda espécie de animais puros e impuros. Assim pretendia devesse ser a Igreja[4].

Tais acusações, perpassadas de perfídia oratória e de polêmica pessoal, demonstram o alto conceito que Hipólito se fazia a respeito da santidade da Igreja[5].

Envolvido em tantas incompatibilidades, o presbítero romano adota solução desesperada. Separa-se do papa e se faz eleger bispo de Roma por um grupo influente do presbitério. Funda nova facção da Igreja, dividindo assim a comunidade romana. Esta posição

4. *Philosophoumena* 9,12; PG 16,3386AC.
5. Ler-se-á com muito proveito sobre o assunto A. D'Alès, *L'édit de Caliste*, Bibliothèque de Théologie Historique, Beauchesne, Paris, 1914, sobretudo o cap. 7, "O testemunho de Santo Hipólito", p. 213-227, onde se notará que Hipólito não condena Calisto diante da história, reconhecendo que este poderá ter motivos pastorais para tanto.

Hipólito a mantém até que Calisto é substituído por Urbano (223-230) e este por Ponciano (230-235).

Em 235, acerba-se a perseguição religiosa, e Maximino, imperador perseguidor, proscreve mediante ímpio edital todos os chefes de igrejas, culpados de haverem ensinado o Evangelho.

Papa e antipapa são encaminhados para os campos de exterminação, na Sardenha. O companheirismo nos sofrimentos e na miséria abre perspectivas de unidade na fé e na caridade para aqueles cujas doutrinas se chocavam. Vence a autenticidade sincera da fé sobre a precisão ou imprecisão de doutrina. Ambos renunciam a seus postos de chefes na terra, cargos que defendiam em nome do mesmo Cristo, e recebem a coroa da glória, na comunhão com o Deus de toda santidade, justiça e verdade. Ambos entregam suas vidas, martirizados na "ilha da morte". Apesar das contingências e divisões dolorosas durante a existência terrena, ambos "renderam testemunho à verdade que serve para a nossa salvação" (*Oração sobre as oferendas*, 13 de agosto).

Presbítero da Igreja romana, bispo cismático, primeiro antipapa da história, mártir da fé, Hipólito é venerado como santo, testemunho de zelo e autêntico seguidor de Cristo Jesus, Senhor e Salvador, de quem fizera belíssimo sermão em 212. Dedicou seu amor à Igreja e mostrou todo respeito pela doutrina apostólica. Disto dão testemunho suculento seus próprios escritos.

II. Hipólito e seus escritos

1. As obras de Hipólito

Numerosos escritos de Santo Hipólito de Roma tiveram a mesma sorte que os de Orígenes: se perderam ou foram atribuídos a outros autores. Em parte isso se deve ao fato da língua em que escrevia. Outras razões, porém, se acrescentam a esta.

A posição cismática do autor, sua cristologia pouco ortodoxa e a contestação por ele sofrida nos meios romanos, eram motivos suficientes, na mentalidade da época, para a ocultação e até mesmo o desaparecimento de seus escritos.

Felizmente, traduções em língua latina, siríaca, copta, árabe, etíope, armênia, georgiana e eslava transmitiram até nós fragmentos valiosos e até algumas obras em sua totalidade.

As múltiplas versões orientais dão testemunho da preciosidade destas páginas e atestam sua celebridade. Ainda mais: o fato de terem atribuído ao autor da *Tradição apostólica* "obras que não lhe devem a paternidade" confirma sua popularidade.

Apesar da grande controvérsia em torno de sua pessoa, enumeram-se entre as obras que escrevera:

– *Philosophoumena* ou *Refutação de todas as heresias*, principal monumento literário do escritor, que reúne um conjunto de 10 livros. Esta obra não consta na lista dada por Eusébio (*Hist. Eccl.*, 6,22), nem na de Jerônimo (*De viris ill.*, 61), nem nas incluídas no pedestal da estátua de que já falamos.

Contudo, em 1859, L. Dunker e F.G. Schneidewind colocaram o nome de Hipólito como seu autor, alegando o argumento de que no prefácio e ao longo das páginas da importante obra o autor se refere a *"Syntagma"*, a *Essência do Universo* e a *Chronica* (ou *Chronicon*) como escritos seus, anteriores.

Até essa data, a obra *Philosophoumena* era atribuída a Orígenes, mas sabemos que as três obras a que o autor se refere são de Hipólito e não de Orígenes. Apenas P. Nautin recoloca em dúvida tal autenticidade[6]. O consenso entre os autores é muito maior que a dúvida.

Além desta, Hipólito escreveu:

– *"Syntagma"* ou *Contra todas as heresias*

– *O Anticristo*

– Tratados exegéticos:

• *Comentário sobre Daniel*

• *Comentário sobre o Cântico dos Cânticos*

---

6. NAUTIN, P. *Hippolyte et Josipe*. Paris, 1947; *Notes sur le catologue des oeuvres d'Hippolyte*, RSR 34 (1947), p. 100-107.

- *História de Davi e Golias*
- *Homilias sobre os salmos*

– Tratados cronológicos:

- *Crônicas* (*Chronicon*)
- *Computação pascal* (determinação da data da páscoa, tema de grande atualidade na época e que chegou a dividir bispos, como por exemplo Policarpo de Esmirna e Aniceto de Roma)
- *Homilias sobre a Páscoa, "Os louvores do Senhor nosso Salvador", As heresias de Natal.*

E finalmente a *Tradição apostólica*, além de muitos outros fragmentos que ficaram dispersos pelos séculos afora.

2. A descoberta e a reconstituição da "Traditio apostolica"

a) *A descoberta.* – A descoberta do texto da "tradição apostólica" não tem o aspecto romântico de tantas outras aparições sensacionais de manuscritos, como os documentos de Qumrân nas areias do Egito ou em grutas. Não foram arqueólogos que o viram saltar do meio de escombros escavados, nem pesquisadores que o encontraram entre livros velhos e fora de uso. Foram, sim, pacientes estudiosos que, na mesa de seus escritórios, recompuseram a versão original a partir de variadas compilações parciais e múltiplas edições em línguas diversas, ao longo dos anos.

Até fins do século XIX, era apenas um título de obra, inscrito no pedestal de uma estátua redescoberta no século XVI. O personagem da estátua é identificado como Hipólito, escritor romano, confundido pela história e pelas lendas com outras figuras do mesmo nome.

A atual "Constituição apostólica" é resultado de análise paciente e séria, sob o ponto de vista literário e de conteúdo. Vários documentos antigos tratam do mesmo assunto e apresentam íntima dependência. Isto significa que faziam parte de um mesmo conjunto de escritos. Alguns estudiosos começaram a atribuí-los a vários autores. A crítica do próprio texto demonstrou suficientemente que os *Cânones apostólicos* (também chamados "Cânones de Hipólito"), as *Epítomes do capítulo VIII* das "Constituições apostólicas", a *Coleção canônica de Alexandria* com o subtítulo "Constituição de Hipólito" (a que se deu o nome de "Constituição apostólica", atribuindo a Clemente de Roma sua autoria), bem como o *Testamento do Senhor*, formavam uma só obra – vasta compilação grega de oito livros cujo título geral era *"Constituições apostólicas"*.

As descobertas de sábios que trabalhavam independentemente um do outro – E. Schwartz e o beneditino inglês R.H. Connolly – levaram ambos às mesmas conclusões:

1. Todos esses escritos constituíam a pretensa *Constituição da Igreja Egipcíaca*.

2. Esta constituição era a mesma coisa que a *"Traditio apostolica"*.

3. A *"Traditio apostolica"* tinha como autor o famoso personagem da estátua, que escrevera precedentemente um livro sobre os "Carismas" citado no prefácio da "Tradição".

Depois destas conclusões, restava apenas constituir o texto original do livro de Hipólito de Roma.

b) As *diferentes versões e a reconstituição do texto*. – O texto original, em grego, fora perdido. A única possibilidade seria reconstituí-lo a partir de traduções, aliás pouco fiéis ao texto primigênio[7].

Além disso, outro problema a ser encarado era a índole das línguas orientais em que se encontrava o texto. Essas línguas diferem muito do gênio grego. Sabe-se, outrossim, que o método de transmissão de textos antigos

---

7. Alguns dos textos que se possuíam eram demasiadamente adaptados e quatro eram "versões de versões". Por exemplo, a versão etíope que foi encontrada era feita a partir da tradução árabe.

era o de cópias sucessivas. Esse processo tornava inevitáveis as variações involuntárias, devidas à negligência dos copistas, e permitia adaptações propositais para atualizar a obra. Não seria também descabido que a própria "*Traditio apostolica*" tivesse tido duas edições revistas pelo próprio autor. Essa hipótese, embora possível, não parece provável na atual situação dos estudos[8].

Entre os documentos estudados, é evidente que nem todos possuem o mesmo valor. Haverá sempre preferência pelas versões em lugar das adaptações, pois aquelas pretendem uma fidelidade maior e só acidentalmente podem conter modificações, enquanto que estas são infiéis ao texto original, por princípio.

A tarefa de reconstituição de uma obra envolve dois problemas distintos: 1º) o estabelecimento da estrutura da obra em questão. Tomando-se como base a versão mais completa, procura-se em seguida criticá-la, corrigi-la e aperfeiçoá-la a partir das demais versões existentes. 2º) Trata-se, em segundo lugar, de burilar o texto em seus detalhes, empregando-se para isso o método racional da filologia. A crítica textual tem sua técnica própria, com regras estabelecidas. Evita-se toda

---

8. Para um estudo mais aprofundado, inclusive da filosofia, recomendamos as obras especializadas no assunto, em particular a publicação crítica de BOTTE, B. O.S.B. *La Tradition apostolique de St. Hippolyte* – Essai de reconstitution. Münster, 1963.

arbitrariedade e torna-se possível o controle posterior por parte de terceiros que sejam afeitos a este estudo específico. Não dá margem à escolha do que se acha melhor ou do que se prefere que esteja dito. Estabelece-se o que de fato constitui o texto objetivo, quanto possível.

Graças ao paciente trabalho de cientistas é que temos hoje a "*Traditio apostolica*" na sua íntegra. Embora não se possa garantir que seja isenta de toda incorreção, oferece segurança no tocante ao conteúdo. O texto que apresentamos, mesmo se não imune de imperfeições – pois alguns pontos ainda permanecem duvidosos – concorda com o arquétipo e goza de apreço junto aos mais exigentes estudiosos.

III. Conteúdo doutrinal

O personagem da estátua que se encontra no Museu do Latrão, sem cabeça, já havia escrito um livro dedicado aos "Carismas". Agora o mesmo amor o impulsiona à comunidade dos fiéis do século III e aos seus sucessores, o que a Igreja conserva como riqueza, fruto de suas experiências e de sua primitiva existência. Isto ele faz em vista de comunicar uma fé apostólica sem desvios. O título desta obra *"apostoliké paradosis"* (ἀποστολικὴ παράδοσις) se encontra no pedestal da estátua logo após o título *Carismas*.

Esta obra foi composta em Roma, mas não se trata de uma fórmula que traduza apenas a liturgia romana. A obra pretende transmitir a tradição da Igreja.

Podemos dividi-la em três partes nitidamente distintas:

1. A constituição da comunidade em seus aspectos hierárquicos, com a sagração e eleição dos bispos e a ordenação de pessoas que desempenham uma função dentro da comunidade cristã (presbíteros, diáconos, exorcistas, leitores etc.) (n. 2-32).

2. A iniciação cristã: o catecumenato e a noite pascal (n. 32-58).

3. Uma série de observâncias na comunidade desde a descrição da celebração eucarística até a liturgia das horas e ao sinal da cruz (n. 60ss.).

Parte I – Constituição hierárquica da comunidade

O ritual de consagração de um bispo é precedido pela eleição do candidato. Esta se faz da maneira mais pública possível e para isso realiza-se na assembleia dominical onde todos os cristãos apontam o novo chefe da Igreja local. Uma vez escolhido, toda a comunidade estará presente, juntamente com o conselho presbiteral e todo o clero. Os bispos vizinhos são convidados, e estes é que impõem a mão sobre o novo epíscopo.

Os bispos, os sacerdotes e o povo rezam em silêncio: é o dom de Deus que é celebrado. A vinda do Espírito Santo é que de fato confere o poder de reger a Igreja de Cristo. Guiados pelo Espírito Santo é que os bispos têm o direito de conduzir o rebanho.

Um dos bispos presentes é escolhido para presidir a oração e a pronuncia em nome de todos. Pela voz do presidente que exerce seu ministério em nome da Igreja, esta consagra o novo bispo.

A fórmula da oração consecratória acentua a função de serviço que o recém-escolhido assume na comunidade e frisa sua sucessão apostólica. No exercício de seu ministério de reger o povo o bispo deve "tornar a face de Deus propícia" e exercer o poder de perdoar. Sobretudo admoesta o novo chefe da Igreja local e reza para que seja modelo do rebanho por seu modo de viver[9].

> O confronto desta tradição com as exigências atuais, causas de tantos mal-entendidos, poderia suscitar um questionamento da disciplina vigente no tocante à nomeação e transferência de bispos.

A seguir, a comunidade cristã reunida com o presbitério e os bispos vizinhos presentes celebram a Eucaristia, presidida pelo novo bispo.

---

9. Isso talvez apareça como reação a Calisto, papa que havia abrandado as práticas penitenciais.

Depois de ter recebido o beijo de paz da parte de todos, sinal da comunhão fraterna e reconhecimento de sua dignidade episcopal, o bispo, servido pelos diáconos, começa a grande oração eucarística acompanhado de todo o presbitério. Esta é a forma mais antiga de oração consecratória que conhecemos[10].

Seu caráter é eminentemente cristocêntrico. O único tema doutrinal aí celebrado é a obra de Cristo. Não inclui o "Santo" que costumamos cantar. Nela se encontra a mais antiga invocação do Espírito Santo (epiclese) que, embora muito simples, é explícita. Nas Igrejas orientais essa parte da prece consecratória foi e é muito mais desenvolvida.

O fato de encontrarmos esta fórmula de ação de graças por ocasião da Eucaristia poderia deixar a impressão de uma certa fixação do cânon. Sabe-se, no entanto, que não havia texto litúrgico fixo, mas apenas um esquema que cada celebrante desenvolvia com suas próprias palavras quando presidia a oração da comunidade[11].

Após o oferecimento do corpo e do sangue de Cristo no pão e no vinho que vêm da criação que nos é

---

10. Esta oração eucarística encontra-se no atual missal e, com ligeiras modificações, constitui a segunda anáfora adotada pela reforma conciliar.

11. Cf. texto da *Tradição apostólica*, n. 18; *Didaqué*, X; JUSTINO. *Apologia*, 1,67. • Cf. JUNGMANN, J.A. *Missarum Sollemnia*. Aubier, 1956, Tomo I, p. 46.

dada, Hipólito propõe a bênção (bendizer a Deus) dos diferentes frutos da terra apresentados pelos fiéis por ocasião da Eucaristia, em sinal de comunhão na caridade. Tudo parece corresponder a uma intenção teológica bem definida, que hoje chamaríamos de "Teologia das realidades terrestres", e que é de incomparável beleza.

Na ordenação sacerdotal, embora esta seja feita pelo bispo, todo o presbitério impõe as mãos, enquanto que para os diáconos apenas o bispo faz esse gesto. É que o diácono está intimamente ligado à pessoa do bispo e como tal lhe é submisso. O presbitério, porém, coloca-se a seu lado, participando do seu mesmo sacerdócio e rege com ele o povo de Deus; recebe com ele a mesma graça e o espírito próprio, como os anciãos de Israel partilham o mesmo espírito de Moisés.

A prece de consagração oferece, em sua profundidade bíblica, uma verdadeira síntese doutrinal sobre o sacerdócio único de Cristo e a participação no mesmo sacerdócio pelo bispo e pelos presbíteros. Tais orações se dirigem sempre ao Pai, pelo Filho, no Espírito Santo, o que evoca a epiclese eucarística.

> Seria importante rever o relacionamento dos presbíteros e dos pastores diocesanos. O aprofundamento teológico levaria a substituir a submissão por uma obediência que colocasse todos

os responsáveis para reger o povo de Deus em estreita colaboração, sob a presidência do epíscopo que é o vigilante sobre todo o rebanho.

Hipólito coloca em relevo as funções eclesiais a partir do testemunho que se dá no serviço da comunidade, assumindo a responsabilidade que compete a cada um.

Os confessores, isto é, os mártires que sobreviveram aos ferimentos que lhes foram impostos por causa da fé – quer por parte das autoridades quer da parte de parentes e amigos –, recebem a imposição das mãos para que gozem da mesma distinção que os presbíteros.

Segundo Dom Botte, não se trata de uma ordenação, mas tão somente de uma posição honrosa no meio da assembleia, pois recomenda que ocupem lugares especiais juntamente com os clérigos.

Talvez este modo de proceder se fundamente no fato de muitos cristãos quererem promover os confessores e desejarem para isso torná-los presbíteros. Para evitar que se fizesse do ministério sacerdotal mais uma honra do que um serviço, era-lhes dada a distinção que mereciam por sua coragem em professar a fé, mas sem lhes conferir a ordenação. Esta exige, com efeito, um dom do espírito que não se recebe apenas pelo fato de ter suportado injúrias por causa do Cristo.

Importante é a recomendação a respeito das orações pronunciadas em assembleia. Não há preocupação alguma com a rigidez de fórmulas. Nem tampouco se tolhe a liberdade de rezar em alta voz para edificação de toda a comunidade. Há somente um dever por parte do presidente: cuidar da ortodoxia.

Não seria essa regra um meio eficaz para satisfazer as exigências de uma liturgia que, permanecendo na unidade eclesial, se tornasse mais adaptada às necessidades, às circunstâncias e às pessoas? Não seria suficiente esse cuidado com a ortodoxia, para que as homilias dialogadas tivessem muito fruto e fugissem ao perigo tão temido?

Em seguida vê-se o interesse da Igreja para com todas as categorias de pessoas, quer façam parte da comunidade cristã, quer sejam ainda pretendentes a integrá-la. Para com estes últimos tem-se particular carinho e acolhimento, sem negligenciar nenhum dos requisitos e exigindo-se séria preparação.

Parte II – Iniciação e catecumenato

Eis um ritual completo do catecumenato: desde o acolhimento dos candidatos até a participação na ceia eucarística. Poderia ter sido um tratado independente, pois chega mesmo a uma conclusão própria. É um documento único no gênero, nos primeiros séculos, apesar de Tertuliano e outros autores darem catequeses batismais ou elementos esparsos sobre o assunto.

A visão concreta das etapas e os detalhes fornecidos nos permitem uma percepção muito real da vida da comunidade primitiva. Todos os membros da Igreja local, a começar pelos leigos, estão empenhados seriamente no exame, na preparação e no acompanhamento dos candidatos. Longe de solicitar a alguém para entrar, quase forçando-os, percebe-se o rigor das exigências evangélicas tomadas como condição para a admissão no catecumenato e o ingresso efetivo na comunidade. Temos detalhes interessantes sobre o meio social de então e o papel da comunidade eclesial.

As renúncias a satanás e a tudo que o representa (suas pompas) não eram palavras vazias. Significavam conversão real para um novo tipo de relação do candidato à vida em igreja, com as solicitações sociais, ocasiões de pecar e os costumes pecaminosos.

A prolongada preparação (três anos) permitia verificar se os comportamentos eram realmente de convertidos. Em época de tanto sincretismo, a Igreja não podia contentar-se com minicristãos, semiconvertidos. A tarefa de dar testemunho é por demais séria. Não admite uma fé apenas interior, nem uma religião conforme os moldes de cada indivíduo. O estilo de vida e até mesmo a profissão[12] devem ser condizentes com a prática do Evangelho, testemunho diante de todos.

> Se quisermos atualizar estas restrições poderíamos assinalar as profissões comprometidas com situações de injustiça, que tornam a pessoa cúmplice de uma estrutura exploradora, sem possibilidades de manter-se na autenticidade das próprias convicções. Penso no setor imprensa, quando o profissional recebe ordens da Redação de elaborar uma "cascata" difamatória ou contrária à verdade. Outras situações se assemelham.

É importante colocar em destaque a prática da oração, seja em comum seja em particular. Após a leitura e a explicação da palavra de Deus, pelo catequista, é indispensável que cada um assuma como regra de sua própria vida esses ensinamentos e se converta interiormente para a lei do Senhor.

O Espírito Santo é quem transforma os corações. Eis por que o catequista, após a oração de cada um, impõe as mãos sobre todos e, antes de os despedir, invoca o dom de Deus sobre aqueles que instrui pela palavra.

---

12. Certas profissões que hoje aparecem como simples artes, eram intimamente ligadas ao paganismo. Tal é o caso, por exemplo, dos escultores que favoreciam a multiplicação de deuses pela criação de ídolos.

Aliás, essa conversão interior justifica antes de "os pecados terem sido perdoados" pelo rito batismal na assembleia reunida.

Bela constatação do agir de Deus independente do rito exterior e, ao mesmo tempo, patente afirmação do significado e da necessidade de uma liturgia eclesial comunitária.

> Em nossos dias põe-se em questionamento a prática sacramental. Certos grupos, por vezes, julgam-na desnecessária porque exterior. É uma reação ao ritualismo exagerado que atribui um sentido quase mágico ao rito, tendo a crença popular conferido a este um "*ex opere operato*" ligado à cerimônia como tal. Nestes textos vê-se a prioridade de Deus que age sem estar confinado ao rito, mas ao mesmo tempo reafirma-se a significação e o valor das cerimônias para que a Igreja manifeste sua consciência de fé na ação de Deus que realiza a salvação do mundo todo.

Parte III – Observâncias da comunidade

É difícil estabelecer uma ordem lógica nesta terceira parte. Isto foi possível nas duas primeiras partes, porque parece que Hipólito fez dois pequenos tratados, quase completos, e em seguida passou a anotar, sem ordem rigorosa, os costumes em uso no meio da comunidade eclesial desde os tempos primitivos.

Vamos apenas colocar em relevo os pontos que julgamos de maior interesse:

1. Há um bom número de observações a respeito das ceias da comunidade. Ao que parece, eram refeições de caridade, tomadas em comum, a fim de consolidar o relacionamento fraterno. Essas refeições são bem distintas da ceia eucarística, apesar da densidade religiosa que encerram. No número 60 há uma observação importante a respeito da necessidade de participação: "O bispo não pode jejuar a não ser no dia em que todo o povo o faz", pois, se alguém promover uma refeição na ocasião em que a comunidade se reúne, ele deve ao menos provar do pão partido em comum. É sinal de participação na ceia dos fiéis, na vida deles, assim como esses participam da sua Eucaristia.

O espírito que ainda anima os cristãos nessas circunstâncias é a troca, o colocar em comum. Pensa-se com especial carinho nos doentes, nas viúvas e nos demais necessitados, levando-lhes presentes (*signum*) para que tomem parte da reunião, mesmo que condições particulares os obriguem à ausência.

2. Além da Eucaristia, reservada aos já iniciados e de vida comprovadamente evangélica, há outras celebrações

que reúnem todos os irmãos. Aí os catecúmenos são introduzidos na convivência da comunidade e tomam refeições na companhia dos fiéis. Essas ceias comuns são altamente educativas e a dignidade com que se fazem deve servir de exemplo. As refeições familiares poderão, à luz desta doutrina, se transformar em verdadeiras celebrações, pela sobriedade, pela alegria do convívio e pelo espírito de união que reina.

Ao participarem das reuniões em sociedade, os cristãos devem se mostrar o "sal da terra" pelo modo de comportar-se, pois é necessário que comam e bebam com moderação e sabedoria.

Esta atitude edificante não é reservada às reuniões com o bispo – diríamos hoje, só na Igreja –, mas deve existir em todos os lugares e sempre que se reúnam. A única diferença é que um leigo não pode dar a bênção – isto é, fazer a consagração ou distribuir o pão bento –, mas todos podem transformar a reunião numa alegria santa, motivo de ações de graça.

Além das ceias e reuniões de toda a comunidade é proposto um programa de orações, distribuídas ao longo das horas do dia. É difícil verificar até que ponto essa programação corresponde à realidade da vida dos fiéis. Em todo caso, mais tarde tornou-se regra de vida para os monges e em seguida para os clérigos.

De grande valia são as recomendações a respeito da conservação da sagrada Eucaristia e do costume de comungar frequentemente.

> Hoje que os leigos e religiosas começam a exercer a função de ministros da Eucaristia, vemos uma possibilidade de fazer com que todas as comunidades, mesmo desprovidas de presbítero, comunguem com maior assiduidade. Graças às facilitações recentes, o pão dos cristãos poderá tornar-se o meio constante de sustento dos fiéis. É preciso, contudo, que a fé nos faça distinguir o Corpo de Cristo e nos leve a tratá-lo com dignidade ainda maior. Só uma autêntica iniciação vencerá o perigo de profanação que se teme.

Hipólito coloca em relevo a prática da oração da manhã, mas ao mesmo tempo adverte os fiéis a respeito da necessidade de se instruírem na fé. Ambas as práticas são apresentadas como meios eficazes para sustentar o cristão na sua luta cotidiana. Ouvindo a palavra de Deus da parte de um irmão, pensamos em muitas coisas que jamais pensaríamos sozinhos. Eis por que a reunião para a catequese se torna indispensável não só para as crianças, mas sobretudo para os adultos que não tiveram uma iniciação conveniente.

A conclusão retoma o tema proposto no Prefácio, dizendo que, ao redigir esta obra, o autor pretende colocar na devida honra a tradição da Igreja desde os tempos apostólicos.

IV. Plano sintético da obra

Pensamos ser útil a apresentação sintética da obra, a fim de facilitar uma leitura mais atenta aos assuntos. Muitos detalhes poderão passar despercebidos ao leitor que percorresse a "Tradição", sem ligar as diferentes referências à mesma matéria.

1. *Hierarquia da Igreja e ordenações.* – Eleição do bispo pelo povo, sua sagração em dia de domingo, a imposição das mãos pelos bispos presentes diante do presbitério e da comunidade. A oração consecratória por um bispo escolhido que reza com as mãos levantadas. Saudação e beijo da paz. Eucaristia que, começando no ofertório, é presidida pelo novo bispo.

O bispo preside a assembleia dominical, jejua com os seus fiéis e toma com eles refeições, preside a oração matinal, recebe os frutos oferecidos, visita os doentes, trabalha em estreita colaboração com os presbíteros e diáconos e cuida dos cemitérios.

A ordenação presbiteral é feita pela imposição das mãos do bispo e do presbitério. Um presbítero não pode ordenar outro sacerdote, pois a oração consecratória é feita pelo bispo. O conselho presbiteral se reúne cada dia com os diáconos para presidir a oração e instruir os fiéis reunidos em assembleia.

Ordenação diaconal e imposição das mãos do bispo que reza a oração consecratória. Os diáconos estão ao serviço pessoal do bispo para a administração das igrejas. Suas funções são as de apresentar a oblação, fazer a fração do pão e ajudar a distribuir a comunhão, bem como batizar.

Os leigos, que não são ordenados, têm funções específicas no meio do povo. Em primeiro lugar os confessores da fé, a seguir as viúvas, as virgens e leitores e os subdiáconos.

2. *Iniciação cristã*. – Condições de admissão, duração, exame dos candidatos e profissões proibidas.

Os ritos catecumenais e lugar dos catecúmenos na assembleia. A oração de acolhimento dos candidatos ao batismo e a imposição das mãos. Preparação imediata para o batismo: exame, eleição, exorcismo, banho (na quinta-feira), jejum (sexta-feira e sábado), último exorcismo, e cerimônia do "effeta".

Ritos da iniciação com leituras e instruções na vigília de orações durante a noite do sábado para o domingo.

A) Batismo: o canto do galo, as águas puras e correntes, consagração dos óleos de exorcismo e de ação de graças, a renúncia a satanás e unção com óleo santo. A profissão de fé e a imersão batismal repetida três vezes. A unção com óleo feita por um presbítero e a vestição com túnicas brancas.

B) Confirmação (feita pelo bispo): imposição das mãos, unção da fronte com óleo, e beijo de paz recebido do bispo por parte dos novos batizados e dado por estes a todos os fiéis presentes.

C) A Eucaristia para os iniciados começa pela oferenda do pão e do vinho, da água e do mel. Segue-se a catequese episcopal e após a comunhão dos novos cristãos se dará a estes água, leite e mel para beber.

3. *A Eucaristia*. – Encontramos duas descrições da celebração eucarística: uma ligada à ordenação episcopal e outra à iniciação cristã. Há apenas uma simples alusão à liturgia da Palavra na noite batismal.

A liturgia eucarística compreende: a oração dos fiéis, o beijo de paz, a oferta de dons – pão, vinho, aos quais se acrescentam óleo, queijo, olivas, bem como água, leite e mel por ocasião de batizados, frutas e flores.

A oração consecratória tem um texto sumário que é proposto, mas também são dadas regras para a improvisação a fim de que a oração litúrgica seja correta e conforme à ortodoxia. Há também a bênção das ofertas que não se destinam à Eucaristia.

Enfim, a comunhão que se celebra com orações próprias, o rito e a despedida.

Há também regras para a comunhão em domicílio, indicando o recipiente no qual se transporta a

Eucaristia, o modo de conservar a santa reserva e a comunhão cotidiana.

4. *Regras diversas a respeito da vida da comunidade.* – A assembleia dominical, presidida pelo bispo que nesta distribui pessoalmente a comunhão ao povo.

O dia do cristão com as orações da manhã, a comunhão em casa, a reunião matinal cotidiana, a leitura espiritual, a oração e a santificação do dia pela "liturgia das horas".

Recomenda-se como dever do cristão a prática da caridade fraterna, máxime para com as viúvas e com os doentes.

Fala-se outrossim da refeição cristã, pela tarde: o ágape, a oração a ser feita, o ambiente que se deve manter e a bênção da lâmpada.

Enfim, dão-se recomendações a respeito das observâncias próprias a toda a comunidade em certos períodos: o jejum, as penitências de preparação à páscoa e o significado do sinal da cruz.

Referências

BAILLY, A. *Dictionnaire grec-français*. Paris: Librairie Hachette, 1950.

BAUER, J.B. *Diccionario de Teología Bíblica*. Barcelona: Herder, 1967.

Biblia Sacra, Vulgatae Editionis, Sixti V Pont. Max. iussu recognita et Clementis VIII auctoritate edita, Marietti, S. Sedis Apostolicae Typographi ac Editores.

Bíblia Sagrada. Tradução dos textos originais, com notas, dirigida pelo Pontifício Instituto Bíblico de Roma. São Paulo: Paulinas, 1967.

BLAISE, A. *Dictionnaire latin-français des auteurs chrétiens*. Strasbourg, "Le Latin Chrétien", 1954.

BOTTE, B.I: *Hippolyte de Rome, La tradition apostolique*. 2 ed. Paris: Les Editions du Cerf, 1968.

_____. II: *La tradition apostolique de Saint Hippolyte*. Münster/Westfalen: Aschendorffsche Verlagsbuchhandlung, 1963.

D'ALÈS, A. *L'édit de Caliste*. Bibliothèque de Théologie Historique. Paris: Beauchesne, 1914.

_____. *La théologie de St. Hippolyte*. Paris, 1906.

Didaqué. Catecismo dos primeiros cristãos. Petrópolis: Vozes, 1970 [Tradução de U. Zilles].

ETÉRIA. *Peregrinação*. Petrópolis: Vozes, 1971 [Tradução de Maria da Glória Novak].

HANSSENS, J.M., S.J. *La liturgie d'Hippolyte, ses documents, son titulaire, ses origines et son caractère*. Roma: Pont. Institutum Orientalium Studiorum, 1959.

MARTIMORT, A.G. *A Igreja em oração* – Introdução à Liturgia. Barcelos: Edições Ora & Labora/Mosteiro de Singeverga e Desclée & Cie, 1965.

MOHRMANN, C. *Latin vulgaire, latin des chrétiens, latin médiéval*. Paris: Librairie C. Klincksieck, 1955.

NASCENTES, A. *Dicionário Etimológico Resumido*. Rio de Janeiro: Instituto Nacional do Livro, 1966.

NAUTIN, P. *Hippolyte et Josipe*. Paris, 1947.

_____. *Notes sur le catalogue des oeuvres d'Hippolyte*, RSR 34 (1947), p. 100-107.

QUASTEN, J. *Patrología,* I, *Hasta el concilio de Nicea.* Madri: Biblioteca de Autores Cristianos, 1961 [Edición Española preparada por I. Oñatibia, con la colaboración de P.U. Farré, O.S.B. y E.M. Llopart, O.S.B.].

VINCENT, A. *Dicionário Bíblico.* São Paulo: Edições Paulinas, 1969.

Glossário

Este glossário não estuda os termos no seu significado global, na sua história: visa, apenas, explicá-los no texto.

Administração, *v. Ministerium.*

Adversário: *Aduersarius, -ii,* m. (cl.) – 1. o antagonista – 2. o ímpio – 3. o demônio.

Alienus, -a (cl.) – 1. alheio, estranho – 2. contrário, hostil.

Alienus, -i, m. (cl.) – 1. o estranho – 2. o pagão – 3. o demônio.

Ancião, *v. Presbyter.*

Antitypum, -i, n. (gr.) – 1. representação exata, figura – 2. (fig.) representação no espírito.

Ἀποφόρητον (latim *apophoretum, -i*, n.) – gulodices ou presentes que os convidados podiam levar consigo. *V. Eulogia.*

Apóstolo: *Apostolus, -i.* m. (gr.) – 1. enviado – 2. enviado de Deus, Jesus Cristo – 3. os Doze enviados de Cristo – 4. Paulo – 5. aquele que recebeu o dom do apostolado. *V. Charisma.*

Árvore, *v.* Lenho.

Baptizandus, -i, m. (gr.) – catecúmeno que se inscreveu para o Batismo; não mais simples catecúmeno, também chamado *Competens, Electus, Illuminandus.*

Batismo: *Baptismus, -i*, m. (ou *Baptismum*, n.) (gr.) – 1. banho, ablução – 2. sacramento que São Paulo chama "banho de regeneração e de renovação" (Tt 3,5).

Bênção: *Benedictio, -onis*, f. (cl.) – 1. bênção, louvor – 2. louvor a Deus – 3. dádiva, pão bento (*v. Eulogia*) – 4. consagração – 5. consagração do pão.

Bispo, *v. Episcopus.*

Cargo, *v.* Clero.

Casa, *v. Sanctum.*

Catecúmeno: *Catechumenus (catic-) -i*, m. (gr.) – aquele que se instrui na religião: ainda não foi batizado nem se inscreveu para o Batismo (ou não foi aceito); os inscritos são os *Baptizandi*; os recém-batizados, *Neophyti*; os batizados há mais de um ano, *Fideles. V. Baptizandus,* Fiel.

Catequese: *Catechesis, -is*, f. (gr.) – instrução religiosa.

Catequista: *Catechista, -ae*, m. (gr.) – professor de religião. *V. Doctor.*

Ceia: *Cena, -ae*, f. (cl.) – 1. jantar – 2. ágape (*v.* nota 143) – 3. Eucaristia.

Charisma, -atis, n. (gr.) – Esta palavra é criação de São Paulo, a partir de χάρις, "graça" – 1. dom especial de Deus – 2. dom de Deus por intermédio da Igreja – 3. dom espiritual, graça. *V.* Bauer, *op. cit.,* art. *Carisma.*

Clérigo: *Clericus, -i*, m. (geralmente no plural) – 1. todos os que foram ordenados – 2. membros do clero, mais comumente, os diáconos e subdiáconos, embora estes últimos não sejam ordenados. *V.* Clero, Diácono, Subdiácono.

Clero: *Clerus, -i* (ou *Clerus, -us*), m. (gr.) – 1. herança – 2. herança do Senhor – 3. cargo, função, ofício na Igreja – 4. conjunto dos que desempenham essas funções.

Comunhão: *Communio, -onis*, f. (cl.) – 1. participação mútua – 2. união na fé – 3. Eucaristia. *V. Eucharistia.*

Confessor, -oris, m. – confessor da fé, o que confessa a sua crença no Senhor, durante as perseguições.

Conselho: *Consilium, -ii*, n. (cl.) – 1. assembleia – 2. dom, faculdade da alma: vontade, prudência.

Cordeiro: *Ouis, -is*, f. (cl.) – 1. ovelha – 2. animal destinado ao sacrifício – 3. símbolo de doçura.

Diácono: *Diaconus, -i*, m. (gr.) – clérigo encarregado da administração temporal e, posteriormente, da leitura do Evangelho. *V.* Leitor.

Doctor, -oris, m. (*doceo*) (cl.) – 1. professor, mestre – 2. padre ou leigo que ensina a religião, catequista. *V.* nota 70.

Doutrina: *Doctrina, -ae*, f. (*doceo*) (cl.) – 1. instrução (que se dá ou se recebe) – 2. ensinamento religioso (διδαχή, "didaqué") – 3. preceito de fé.

Dom, *v. Charisma*.

Episcopado: *Episcopatus, -us*, m. (gr.) – 1. missão de vigilância – 2. apostolado – 3. dignidade de bispo.

Episcopus, -i, m. (gr.) – 1. vigilante, superior – 2. chefe da comunidade cristã.

Espírito: *Spiritus, -us*, m. (cl.) – 1. sopro – 2. sopro de vida, alma – 3. inspiração divina, grandeza de alma – 4. Espírito Santo.

Estranho, *v. Alienus*.

Eucharistia, -ae, f. (gr.) – 1. ação de graças – 2. o que foi consagrado pela oração da ação de graças – 3. o pão e o vinho do sacrifício.

Eulogia, -ae, f. (gr.) – 1. ação de graças – 2. pão bento, não consagrado, distribuído aos fiéis, ou enviado aos amigos em sinal de afeição – 3. às vezes, no Ocidente, parcela de hóstia, Eucaristia.

Evangelho: *Euangelium, -ii*, n. (gr.) – 1. boa notícia – 2. boa-nova do reino do Messias – 3. pregação – 4. doutrina de Cristo – 5. o Livro das palavras, dos atos de Jesus.

Exorcismus, -i (exhorc-) (ou *exorcizatio, -onis*, f.) m. (gr.) – 1. – ação de expulsar os maus espíritos – 2. bênção (da água, do azeite destinados ao Batismo).

Exorcizar: *Exorcizo, -are* (gr.) – 1. expulsar os demônios – 2. benzer.

Fiel: *Fidelis, -e* (cl.) – 1. digno de fé – 2. constante – 3. verídico (falando das promessas do Senhor) – 4. crente, discípulo de Cristo; o que participa da celebração litúrgica até o fim.

Função, *v.* Clero.

Gentio: *Gentilis, -e* (gens) (cl.) – 1. que pertence a uma família – 2. que pertence a uma nação – 3. (pl.) no Antigo Testamento, os não adoradores de Javé; entre os cristãos, os pagãos.

Graça: *Gratia, -ae*, f. (cl.) – 1. reconhecimento – 2. benefício – 3. perdão – 4. bondade de Deus – 5. dom de Deus – 6. graça conferida pelos sacramentos.

Heresia: *Heresis* (*haeresis*), *-is*, f. (gr.) – 1. opinião particular, seita – 2. doutrina que se afasta do ensinamento da Igreja.

Hostil, *v. Alienus.*

Igreja: *Ecclesia, -ae*, f. (gr.) – 1. assembleia do povo – 2. comunidade de fiéis – 3. lugar de reunião.

Instrução: *Instructio, -onis*, f. (cl.) – 1. construção, fábrica – 2. (fig.) ensinamento. *V.* Catequese.

Instituir: *Instituo, -ere* (cl.) – 1. estabelecer – 2. ordenar.

Leigo: *Laicus, -a* (gr.) – 1. comum, não consagrado – 2. não clérigo (substantivo e adjetivo).

Leitor: *Lector, -oris*, m. (cl.) – 1. aquele que lê – 2. o encarregado de ler, na igreja, os passos da Escritura, no que foi substituído pelo diácono (é a segunda das ordens menores).

Lenho: *Lignum, -i*, n. (cl.) – 1. madeira, lenha para queimar – 2. árvore – 3. o lenho da cruz, a cruz, a árvore da cruz.

Liturgia, -ae, f. (gr.) – 1. serviço de Deus, do culto – 2. sacrifício da missa (*v.* nota 114). *V. Ministerium.*

Lucerna, -ae, f. (cl.) – 1. lâmpada de azeite, em oposição a *candela*, "círio".

Lucernare, -is (ou *lucernarium, -ii*), n. – 1. começo da noite, hora em que se acendem as lâmpadas – 2. ofício da tarde, vésperas.

Ministerium, -ii, n. (cl.) – 1. ofício de servidor – 2. serviço de Deus, administração do serviço de Deus. *V. Liturgia.*

Oblação: *Oblatio, -onis*, f. (cl.) – 1. ação de oferecer – 2. oferenda dos presentes trazidos pelos fiéis – 3. sacrifício – 4. sacrifício eucarístico.

Ordenação: *Ordinatio, -onis*, f. (cl.) – 1. ação de pôr em ordem – 2. decreto – 3. administração, distribuição dos cargos – 4. ação de colocar um padre, um bispo em seu posto.

Ordenar, *v.* Ordenação.

Orthodoxia, -ae, f. (gr.) – 1. opinião correta – 2. a verdadeira doutrina religiosa.

Ósculo: *Osculum, -i*, n. (cl.) – 1. diminutivo de *os, oris*, "boca" – 2. beijo – 3. beijo de reconciliação.

Paixão: *Passio, -onis*, f. (pós-cl.) – 1. ação de sofrer, sofrimento – 2. os sofrimentos do Senhor.

Palavra, *v.* Verbo.

Páscoa: *Pascha, -ae*, f. (gr.) – 1. festa hebraica de comemoração da passagem do Anjo Exterminador e da saída do Egito – 2. entre os cristãos, festa da Ressurreição do Senhor.

Paz: *Pax, pacis,* f. (cl.) – 1. harmonia – 2. salvação – 3. reconciliação – 4. saudação entre os hebreus – 5. beijo da paz, costume cristão, após a oração.

Prece: *Prex, precis*, f. (cl.) – 1. pedido, súplica – 2. oração, cânon da Missa – 3. geralmente no pl., súplicas, em oposição a *oratio*, "oração".

Presbítero: *Presbyter, -eri*, m. (gr.) – 1. ancião – 2. dignitário hebreu – 3. sacerdote, chefe da comunidade cristã.

Presbyterium, -ii, n. (gr.) – 1. dignidade de padre, sacerdócio, presbiterato – 2. colégio dos padres, corpo sacerdotal.

Primado: *Primatus, -us*, m. (cl.) – 1. primeira fileira – 2. prioridade, superioridade.

Profeta: *Propheta* (*prophetes*) *-ae*, m. (gr.) – 1. adivinho, intérprete – 2. intérprete da vontade divina, encarregado de lembrar aos hebreus as suas verdades – 3. entre os cristãos, os que tinham o "dom da profecia", que os habilitava a ensinar a Verdade.

Quinquagésima: *Quinquagesimus, -a* (cl.) – 1. o quinquagésimo – 2. o quinquagésimo dia após a Páscoa, Pentecostes, dia em que os cristãos comemoram a descida do Espírito Santo sobre os Apóstolos e que coincide com uma das três grandes festas hebraicas (Ex 23,14s.; 34,22). *V. Peregrinação de Etéria*, ed. cit., nota 66.

Representação, *v. Antitypum.*

Ressurreição: *Resurrectio, -onis*, f. (cl.) – 1. ação de tornar a levantar-se, ressurreição corporal – 2. ressurreição espiritual – 3. Páscoa. *V.* Páscoa.

Revelação: *Revelatio, -onis*, f. (cl.) – 1. ação de descobrir, manifestação – 2. a Verdade revelada.

Sacerdócio: *Sacerdotium, -ii*, n. (cl.) – 1. função e encargos do sacerdote – 2. episcopado – 3. (fig.) serviço sagrado – 4. poder sacerdotal.

Sacerdote: *Sacerdos, -otis*, m. (também no f.) (cl.) – 1. o(a) que realiza as cerimônias sagradas – 2. os que têm o poder sacerdotal na Igreja, bispos e presbíteros – 3. título dado a Jesus Cristo. (Sumo sacerdote, Melquisedec, figura de Jesus: *v.* nota 58.)

Salmo: *Psalmus, -i*, m. (gr.) – canto executado sobre um instrumento de cordas, cântico. *Psalmi Alleluiatici*: os que têm por título *Alleluia.*

Sanctificatio, -onis, f. (cl.) – 1. ação de proclamar santo – 2. ação de tornar santo – 3. santuário, templo.

Sanctum, -i, n. (de *sanctus, -a*, cl.) – 1. santidade de Deus – 2. coisa santificada. *V. Sanctificatio*, Santuário.

Santo: *Sanctus, -a* (cl.) – 1. tornado sagrado, consagrado – 2. (subst. pl.) os justos, os patriarcas, os padres, os cristãos – 3. os profetas, os mártires, os apóstolos.

Santuário: *Sanctuarium, -ii*, n. (cl.) – 1. gabinete particular do imperador – 2. tabernáculo – 3. o templo de Jerusalém. *V.* Igreja, *Sanctum*.

Serviço, *v. Ministerium*.

Signum, -i, n. (cl.) – 1. sinal – 2. sinal exterior de um símbolo – 3. chancela – 4. sinal da cruz.

Subdiácono: *Subdiaconus, -i*, m. (gr.) – clérigo que ocupa o cargo imediatamente inferior ao do diácono; substituiu o leitor na leitura da Epístola; é o encarregado de levar a cruz processional na celebração solene do rito romano. *V.* Martimort, *op. cit.*, p. 117-118.

Templo, *v. Sanctificatio*.

Testemunho: *Testimonium, -ii*, n. (cl.) – 1. depoimento – 2. prova.

Tradição: *Traditio, -onis*, f. (cl.) – 1. transmissão – 2. narração – 3. ensinamento, doutrina.

Unção: *Unctio, -onis*, f. (cl.) – 1. ação de esfregar – 2. consagração.

Verbo: *Verbum, -i*, n. (cl.) – 1. palavra (λόγος, *lógos*) – 2. linguagem – 3. palavra de Deus, pregação – 4. preceito, promessa – 5. razão, o Verbo perfeito (τέλειος λόγος, *téleios lógos*) – 6. o Verbo, o Filho de Deus.

Virgem: *Virgo, -inis*, f. (cl.) – 1. virgem: a palavra adquire sentido honorífico na linguagem cristã – 2. virgem consagrada, monja. *V. Peregrinação de Etéria*, ed. cit., p. 12.

Viúva: *Vidua, -ae*, f. (cl.) – há dois tipos de viúvas: as seculares e as santimoniais: as primeiras podem tornar a casar-se, as outras têm o hábito religioso: são as inscritas.

Siglas

As seguintes siglas, que se encontram nas notas ao texto, correspondem aos mss constantes da edição crítica de Dom Bernard Botte (Cf. Referências, B. Botte, II), da qual nos utilizamos para a tradução:

(L): palimpsesto de Verona, tradução latina do original grego; esta é a versão que traduzimos, sempre que possível, passando às outras versões apenas nos passos em que (L) apresenta lacunas, fato, lamentamos, bastante frequente, como poderá o leitor verificar pelas notas ao texto.

(L^1) e (L^2): variantes

(A): versão árabe

(C): *Constituições Apostólicas*, VIII

(E): versão etíope

(Eª): variante

(K): Cânones de Hipólito

(S): versão saídica

(T): *Testamentum Domini*

Os demais mss, por não terem sido utilizados na nossa tradução, deixam de figurar neste rol de siglas.

Números

Os números em negrito, que aparecem na nossa tradução, correspondem às páginas de texto latino da edição crítica de Dom Bernard Botte (cf. Referências, Botte, B., II).

Os números no texto correspondem às linhas do texto nessas páginas.

Títulos dos capítulos

Alguns títulos de capítulos pertencem ao manuscrito de Verona ou, na falta deste, aos mss traduzidos: são os assinalados com asterisco no Índice sistemático. Os outros foram acrescentados para facilitar a tarefa do leitor. Os títulos assinalados com dois asteriscos no Índice sistemático, embora pertençam aos mss, aparecem, na tradução, ligeiramente modificados:

Eleição e consagração dos Bispos (= Dos Bispos)

Ordenação dos Presbíteros (= Dos Presbíteros)

Ordenação dos Diáconos (= Dos Diáconos)

Os trabalhos e artes proibidos (= Os trabalhos e artes)

TEXTO

Prólogo

2 Expusemos convenientemente o que havia a respeito dos carismas[*1] – de todos esses dons que Deus, desde o princípio, [5]pôs à disposição dos homens, de acordo com a sua própria vontade, atraindo para si a imagem que se afastara[2].

Agora, impelidos pelo amor a todos os santos[3], chegamos [10]ao ponto mais alto da tradição[*] que convém às igrejas; que todos, bem instruídos, conservem a tradição que persiste até hoje [15]e, conhecendo-a pela nossa exposição, permaneçam absolutamente firmes, **4** por causa do que ocorreu recentemente – heresia ou erro motivado pela ignorância e pelos ignorantes.

---

1. At 2,43; 1Cor 12,1.4-11; Rm 12,6-7; Ef 4,7-8; 1Pd 4,10-11. A palavra grega χάρισμα (*charisma*) foi criada por São Paulo; designa uma série de manifestações do fervor e da fé: o *charisma* supõe um dom que procede da χάρις (*cháris*), "misericórdia de Deus". V. *Diccionario de Teología Bíblica*, ed. cit., art. *Carisma*. Com referência às obras citadas, cf. Referências. As palavras com asterisco podem ser encontradas no glossário.

2. Gn 1,26-27; Rm 8,29; Cl 3,10. *Imagem* aparece no texto como "sinal", "símbolo" ou "significado". Neste passo, "homem à semelhança do Senhor". Cf. *gloss.* art. *Imagem*. Cf. *Diccionario de Teología Bíblica*, ed. cit., art. *Imagen*.

3. *Santos*, neste passo, pode significar "fiéis", pode significar "justos". Quasten, seguindo o tradutor latino, entendeu o amor de Deus a todos os santos; Dom Botte entende a caridade do autor. Cf. Quasten, op. cit., p. 476, e Dom Botte, op. cit., II, p. 3, nota 4.

Conceda o Espírito Santo [5]a graça* perfeita aos que creem na verdade ortodoxa, para que os que se encontram à frente da Igreja saibam como convém ensinar e conservar tudo[4].

PARTE I

Eleição e consagração dos bispos

[10]Seja ordenado* bispo* aquele que, irrepreensível[5], tiver sido eleito por todo o povo. E, quando houver sido chamado pelo nome e aceito por todos, reúna-se o povo juntamente com o *presbyterium** e [15]os bispos presentes, no domingo. Com o consentimento de todos, imponham os bispos sobre ele as mãos, permanecendo imóvel o *presbyterium*[6]. **6** Mantenham-se todos em silêncio, orando em seu coração pela descida do Espírito.

---

4. 1Tm 3,14-15. Provável alusão aos chefes de quem o autor teria discordado. Hipólito teria sido chefe de uma comunidade cismática.

5. 1Tm 3,2. Cf. *Bíblia Sagrada*, versão portuguesa citada, 1Tm 3,1 nota.

6. A imposição das mãos tem significado especial e se baseia no critério segundo o qual a mão é símbolo de força (Jz 6,13). Tem sua origem no Antigo Testamento, já como gesto de bênção (Lv 9,22), no qual a mão direita tem, por sua vez, significado especial (Gn 48,9.14-20), já como símbolo de investidura (Nm 27,18.23). A imposição das mãos é também meio de dar o Espírito, e nesse sentido se emprega após a cerimônia do Batismo (At 8,15-17).

Um dos bispos presentes, a seguir, [5]instado por todos, impondo a mão sobre o que é ordenado bispo, reze, dizendo:

Deus e Pai de Nosso Senhor [10]Jesus Cristo, Pai das Misericórdias e Deus de toda consolação[7], que habitas as alturas e baixas o olhar para o que é humilde[8]; Tu, que conheces todas as coisas [15]antes de nascerem[9]; Tu, que deste as leis da tua Igreja pela palavra da tua graça*, elegendo desde o princípio a raça dos justos de Abraão[10], [20]constituindo os chefes e os sacerdotes*; **8** Tu, que não abandonaste sem administração* o teu santuário*; Tu, que desde o início dos séculos te aprazeste em ser glorificado[11] nesses que elegeste, derrama agora [5]a força[12] que vem de ti – o Espírito de chefia[13] que deste ao teu

---

7. 2Cor 1,3-7. Tanto no Antigo quanto no Novo Testamento, todo consolo verdadeiro procede exclusivamente de Deus. V. *Diccionario de Teología Bíblica,* ed. cit., art. *Consuelo.*
8. Sl 112,5-6.
9. Dn 13,42.
10. Gn 12,1-3.
11. No texto, (L), *dari*. Segundo Dom Botte, confusão originada pela má leitura do grego por parte do tradutor latino. A palavra que, em português, se traduz por "glória" está, em verdade, relacionada com o grego δόξα (*doxa*), equivalente do hebraico *kābōd*, "honra", "prestígio". Deus quer ser glorificado nos seus eleitos, coloca sobre eles o seu Espírito (Is 42,1-4): a glória é sua (Is 42,8; 48).
12. No texto, (L), *uirtus*: através de todo o Antigo Testamento, o Espírito de Deus é considerado uma força.
13. No texto, (L), *principalis spiritus*; em Sl 51,14 encontramos *spiritus potens, spiritus generosus.* Em Is 11,2-3: *spiritus Domini: spiritus sapientiae et intellectus, spiritus consilii et fortitudinis,*

Filho querido, Jesus Cristo, e que Ele concedeu aos santos apóstolos[14], que constituíram, por toda parte, [10]a tua Igreja – teu Templo*[15], para glória e louvor perpétuo do teu nome.

Pai, que conheces os corações, concede a [15]este teu servo, que escolheste para o episcopado*, apascentar o teu santo rebanho e desempenhar irrepreensivelmente diante de ti o primado* do sacerdócio*, servindo-te [20]noite e dia. Concede-lhe tornar incessantemente propícia a tua imagem, oferecer as oblações da tua santa Igreja e, com o espírito* do sacerdócio* superior, ter a faculdade de perdoar [25]os pecados segundo a tua ordem[16]; **10** distribuir os cargos*[17] segundo o teu preceito; dissolver quaisquer laços, segundo o poder que deste aos [5]Apóstolos*[18]; ser do teu agrado pela brandura e pela

---

spiritus scientiae et pietatis... spiritus timoris Domini. Cf. *Biblia Sacra, Vulgatae Editionis*, ed. cit.

14. Jo 20,22.

15. Para São Paulo, a Igreja é o Corpo de Cristo penetrado pela força do Espírito Santo. Cf. *Diccionario de Teología Bíblica*, ed. cit., art. *Espíritu*, cols. 352-353.

16. Jo 20,23.

17. No texto, (L), *sortes,* "herança". Adiante, 24,13, a tradução latina traz *clerus,* "cargo", do grego κλῆρος (*kléros*), "parte"; equivale às funções eclesiásticas.

18. O texto, (L), não é claro neste passo; parece referir-se ao poder de perdoar os pecados. Dom Botte acha mais provável referir-se o autor ao poder mencionado por Mateus, segundo o qual disse Jesus: "...tudo o que ligardes na terra será ligado no

pureza do coração, oferecendo-te um perfume agradável[19], por teu Filho Jesus Cristo, pelo qual a ti [10]a glória, o poder e a honra – ao Pai e ao Filho[20], com o Espírito Santo na santa Igreja[21], agora e pelos séculos dos séculos. Amém.

Eucaristia

Logo que se tenha tornado bispo*, [15]ofereçam-lhe todos o ósculo da paz[22], saudando-o por se ter tornado digno.

---

céu; e tudo o que desligardes na terra será desligado no céu". Cf. Mt 18,18. Cf. Dom Botte, op. cit., II, p. 11, nota 2.

19. Perfume do sacrifício, herança do Antigo Testamento (Gn 8,20-21; Nm 15; Ez 20,40-41), encontra-se também no Novo Testamento (Ef 5,2). Um sacrifício de agradável odor.

20. 2Pd 3,18. Dom Botte duvida da autenticidade destas palavras /patri et filio/, normais após *tibi gloria* (v. 18,20), mas impróprias após *per quem tibi gloria* (cf. tb., 16,21-22 e 22,7-9). Cf. Dom Botte, op. cit., II, p. 11, nota 3.

21. /na santa Igreja/: estas palavras não aparecem, como deveriam, neste passo da tradução latina, mas estão conservadas na tradução (E). Cf. Dom Botte, op. cit., II, p. 11, nota 4. Cf., adiante, 18,20 e 22,10.

22. No texto, (L), *os pacis*. O beijo, costume hebreu, desde Gênesis, está associado à paz, ao amor: beija Labão o sobrinho Jacó, "seu osso e sua carne" (Gn 29,13-14), José, os irmãos (id. 45,14-15), Jacó, os netos (id. 48,10); Aarão beija Moisés, seu irmão (Ex 4,27), e Eliseu, o pai e a mãe (1Rs 19,20). No Novo Testamento o sentido é o mesmo e São Paulo diz: "Saudai a todos os irmãos com o ósculo santo". Cf. 1Ts 5,26. Cf. tb. 1Cor 16,20; 2Cor 13,12; Rm 16,16; 1Pd 5,14.

Apresentem-lhe os diáconos* a oblação*[23] e ele, impondo a mão sobre [20]ela, dando graças com todo o *presbyterium**, diga:

O Senhor esteja convosco.

12 Respondam todos:

E com o teu espírito*.

– Corações para o alto!

[5]– Já os oferecemos ao Senhor.

– Demos graças ao Senhor.

[10]– É digno e justo.

E prossiga, a seguir:

Graças te damos, Deus, [15]pelo teu Filho querido, Jesus Cristo, que nos últimos tempos nos enviaste, Salvador e Redentor, mensageiro da tua vontade[24], que [20]é o teu Verbo* inseparável, por meio do qual fizeste todas

---

23. Aqui começa a *Anáfora*. Notam-se-lhe: um diálogo inicial, 10,21 a 12,10; um prefácio à narração da instituição da Eucaristia pelo Senhor, 12,14s.; a identificação da ação de Cristo com a dos futuros celebrantes, 16,3-5; uma anamnese, lembrança da Paixão e Ressurreição de Cristo, 16,6-11; uma epiclese ou invocação da descida do Espírito Santo sobre a Oblação, 16,12-18; uma doxologia final, 16,18-25. Esta anáfora de Hipólito, datando, embora, do início do século III, não da idade apostólica, é a mais antiga que se possui e aparece, mais ou menos modificada, nos escritos posteriores. Cf. *Didaqué*, ed. cit., IX e XIV e Justino, *Apologia* I. Cf. Martimort, op. cit., p. 308s., e Hanssens, id., p. 426.
24. Is 9,8; 1Tm 2,5-6.

as coisas[25] e que, porque foi do teu agrado, enviaste do Céu ao seio de uma Virgem[26]; **14** que, aí encerrado, tomou um corpo e revelou-se teu Filho, nascido do Espírito Santo e da Virgem[27]. [5]Que, cumprindo a tua vontade[28] – e obtendo para ti um povo santo* – ergueu as mãos enquanto sofria para salvar do sofrimento os que confiaram[29] em ti. [10]Que, enquanto era entregue à voluntária Paixão[30] para destruir a morte, fazer em pedaços as cadeias do demônio, esmagar os poderes do mal[31], iluminar os justos[32], estabelecer a Lei[33] e [15]dar a conhecer a Ressurreição*, tomou o pão e deu graças a ti, dizendo: Tomai, comei, isto é o meu Corpo que por vós será destruído[34]; **16** tomou, igualmente, o cálice,

---

25. Deus criou o universo: pela Palavra (Sl 33,6; Sb 9,1); por Jesus Cristo (Jo 1,1-4.10; Hb 1,2-10; 1Cor 8,6; Cl 1,15-17).
26. Is 7,14.
27. Mt 1,18-23.
28. Mt 26,39-42.
29. No texto, (L), *crediderunt*. (ET) atestam um verbo significando "confiança". Cf. Dom Botte, op. cit., II, p. XXXVII.
30. 2Cor 5,21; Gl 3,13-14.
31. Ap 6,8.
32. Ef 1,18.
33. No texto, (L), *terminum*: tanto pode entender-se com o sentido de "estatuto", "lei", quanto com o de "limite".
34. Não encontramos nos evangelistas "que por vós será destruído", mas somente "isto é o meu Corpo" (Mt 26,26; Mc 14,22) ou "isto é o meu Corpo que será dado por vós; fazei isto em minha memória" (Lc 22,19).

dizendo: Este é o meu Sangue, que por vós será derramado[35]. Quando fizerdes isto, fá-lo-eis em minha [5]memória[36].

Por isso, nós que nos lembramos de sua morte e ressurreição, oferecemos-te o pão e o cálice, dando-te graças porque nos consideraste dignos de [10]estar diante de ti e de servir-te.

E te pedimos que envies o teu Espírito Santo à Oblação* da santa Igreja: reunindo [15]em um só rebanho todos os fiéis que recebemos a Eucaristia*[37] na plenitude do Espírito Santo para o fortalecimento da nossa fé na Verdade, concede que te louvemos e te glorifiquemos, pelo [20]teu Filho Jesus Cristo, pelo qual a ti a glória e a honra – ao Pai e ao Filho[38], com o Espírito Santo na tua santa Igreja, agora e pelos séculos dos séculos. [25]Amém.

---

35. Mt 26,27-28; Mc 14,24; Lc 22,20.

36. 1Cor 11,24-25.

37. No texto, (L), *"des omnibus qui percipiunt sanctis ut te laudemus": percipere* aparece no texto sem complemento com o sentido de "receber a comuhão" (v. 56,15; 58,1): esse é o sentido entendido por (L) e o que conservamos na tradução. No entanto, Dom Botte, a partir de (T), que traz *ex sanctis tuis*, e (E), que traz *sanctitatem*, supõe o grego τοῖς μεταλαβοῦσι τῶν ἁγίων σου, "aos que recebem dos teus santos": os santos seriam, aqui, os sacramentos – Batismo e Eucaristia. Cf. Dom Botte, op. cit., II, p. 17, nota 7.

38. Cf. nota 20.

Bênção do azeite

18 Se alguém oferecer azeite, consagre-o[39] como consagrou[40] o pão e o vinho – não com as mesmas palavras, mas com o mesmo espírito[41]. Dê graças*, dizendo:

[5]Assim como, santificando este óleo, com o qual ungiste* [10]reis, sacerdotes[42] e profetas*, concedes, ó Deus, a santidade aos que são com ele ungidos[43] e aos que o recebem, assim proporcione ele consolo aos que o provam e saúde aos que dele se servem.

Bênção do queijo e das azeitonas

Igualmente, se alguém oferecer queijo e azeitonas, diga:

Abençoa este leite [15]coagulado, soldando-nos à tua caridade[44].

Concede também que se não afaste da tua doçura este fruto da oliveira, que é um exemplo da abundância

---

39. Cf. 10,14 a 16,25.
40. No texto, (L), *secundum panis oblationem et uini*, permitindo entender "consoante a oblação" ou "após a oblação".
41. No texto, (L), *uirtus*: cf. nota 12.
42. Lv 8,12.
43. Ex 30,22ss.
44. No texto, (L), *sanctifica lac hoc quod quoagulatum est, et nos conquaglans tuae caritati: conquaglo* tem o sentido de "coagular junto", "soldar".

que derramaste da árvore[45], para a vida dos que esperam em ti.

E diga, a cada bênção*:

[20]Glória a ti – ao Pai e ao Filho, com o Espírito Santo na santa Igreja[46], agora e sempre, por todos os séculos dos séculos. /Amém./

Ordenação dos presbíteros

20 Ao ordenar-se um presbítero*, imponha-lhe o bispo a mão[47] sobre a cabeça – tocando-o também os demais presbíteros – [5]e, tal como acima referimos[48] (ao tratarmos da ordenação do bispo), reze dizendo:

Deus e Pai de Nosso Senhor [10]Jesus Cristo, baixa o olhar sobre este teu servo e comunica-lhe o Espírito* da graça e do conselho do *presbyterium** para que ele ajude e governe o teu povo com o coração [15]puro, assim como baixaste o olhar sobre o povo da tua escolha e ordenaste a Moisés que escolhesse anciãos* nos quais infundiste o Espírito* que tinhas dado ao teu servidor[49].

---

45. No texto, (L), *lignum:* esta árvore pode ser entendida como o Cristo no lenho da cruz – árvore da vida.
46. No texto, (L), *in sancta ecclesia.* Cf. observação na nota 21.
47. Cf. nota 6. Cf. tb. Martimort, op. cit., p. 553.
48. Cf. 6,9 a 8,13.
49. Nm 11,17-25.

22 E agora, Senhor, prodigalizando-nos o Espírito* da tua graça, conserva-o imorredouro em nós e torna-nos dignos de [5]servir-te na simplicidade do coração, louvando-te por teu Filho Jesus Cristo, pelo qual a ti a glória e o poder[50] – ao Pai e ao Filho, com o Espírito Santo [10]na santa Igreja, agora e pelos séculos dos séculos. Amém.

Ordenação dos diáconos

Ordenando-se um diácono*, seja eleito de acordo com o acima [15]referido, impondo-lhe, porém, as mãos somente o bispo* tal como o prescrevemos. Na ordenação do diácono* só o bispo* impõe as mãos porque o diácono não é [20]ordenado para o sacerdócio*, mas para o serviço* do bispo*: para fazer o que lhe é por este determinado.

24 Ele, realmente, não participa do conselho[51] do clero*; cuida da administração, indicando ao bispo* quanto é necessário. Não recebe o [5]Espírito* comum do *presbyterium** do qual participam os presbíteros*, mas o que lhe é confiado pelo poder do bispo, e é por essa razão que somente o bispo ordena o diácono*; contudo

---

50. Cf. nota 20.
51. Notar que o diácono não só não participa da assembleia dos presbíteros como não recebe o "Espírito do conselho" do *presbyterium*.

sobre o presbítero* [10]também os presbíteros imponham as mãos, por causa do Espírito* comum e semelhante do seu cargo*: estes – porque têm somente o poder [15]de receber mas não o poder de dar o Espírito – não ordenam os clérigos*; mas, na ordenação* do presbítero*, imponham as mãos[52] enquanto o bispo ordena[53].

26 Sobre o diácono, diga:

Deus, que criaste todas as coisas e as ordenaste pelo Verbo*[54], Pai de Nosso Senhor Jesus Cristo, que [5]enviaste[55] para cumprir a tua vontade e revelar-nos o teu desejo, dá o Espírito Santo[56] da graça, da solicitude e do trabalho[57] a este teu servo, [10]que escolheste para servir à tua Igreja e apresentar, no teu santuário*, em santidade, o que te é oferecido pelo herdeiro do sumo sacerdote[58], para a glória do teu [15]nome, a fim de que, exercendo irrepreensível e de coração puro o ministério*, alcance

---

52. Cf. nota 6.
53. Cf. Martimort, op. cit., p. 553.
54. Cf. nota 25. É o bispo quem está rezando.
55. Is 9,8.
56. No texto, (L), *sp(iritu)m s(an)c(tu)m*; (ET) trazem apenas *spiritum*.
57. No texto, (L), *sollicitudinis et industriae*; (ET) trazem apenas *sollicitudinis*.
58. Gn 14,18; Sl 110,4; Hb 7. O sumo sacerdote é Melquisedec, "rei de Salém, rei da paz, precursor de Cristo, sacerdote para sempre". V. *Bíblia Sagrada*, versão portuguesa citada, Hb 7,20-22, nota.

um grau superior[59] e te louve e te glorifique pelo teu Filho, Jesus Cristo [20]Nosso Senhor, pelo qual a ti a glória, o poder e o louvor – com o Espírito Santo, agora e sempre, pelos séculos dos séculos. Amém.

Os *confessores*

28 Não se imporá a mão sobre um *confessor** para o diaconato ou para o presbiterato, se já tiver sido preso por causa do nome do Senhor. Na verdade, a dignidade de presbítero*[60], equivale à honra da sua confissão[61]. Se, [5]porém, for ordenado bispo*, ser-lhe-á imposta a mão.

Se, entretanto, um *confessor** não tiver sido levado à presença do magistrado, nem posto a ferros, nem encerrado no cárcere, nem condenado a outra pena, mas, sob qualquer pretexto, tiver sido apenas desprezado [10]por causa do nome do Senhor, e castigado com um castigo "doméstico"[62], imponha-se a mão sobre ele – se tiver confessado – para qualquer função da qual seja digno.

Dê graças* ao bispo*, tal como [15]mencionamos. De forma nenhuma é necessário que, dando graças a

---

59. 1Tm 3,8-13. O texto, (L), é omisso; seguimos (E). (T), porém, traz: *dignus sit gradu hoc magno et excelso...*, mais semelhante a 1Tm 3,8s.
60. Texto (L) omisso; seguimos S(AE).
61. Texto, S(AE), pouco claro.
62. Os autores interpretam este castigo "doméstico" como um insulto ou castigo leve.

Deus, profira as mesmas palavras que mencionamos, como se o fizesse de memória: reze cada um segundo suas possibilidades. Se alguém tiver capacidade para rezar uma oração mais longa ou mais [20]solene, ótimo. Se outro, porém, rezando, proferir uma oração mais simples[63], deixai-o, contanto que reze o que é correto dentro da ortodoxia*.

As viúvas

30 Uma viúva* não é ordenada ao ser instituída*[64]: é eleita pela simples inscrição do nome. Se o marido morreu há muito tempo, seja instituída; se o marido, porém, não morreu há muito tempo, não se confie [5]nela; e se é velha, seja experimentada por certo tempo: pois, muitas vezes, as paixões envelhecem com o que as abriga no seu seio[65].

Institua-se, pois, a viúva* apenas pela palavra, e que se junte às demais. Não se imponha a mão sobre

63. No texto, S(AE), *oratio in mensura*, "oração comedida", em oposição à oração "mais longa e solene". Segundo Dom Botte, não deve, absolutamente, tratar-se de uma oração "de forma fixa"; o próprio autor diz, acima, que "não é necessário ao que reza tirar as palavras da memória".
64. Ordenação tem aqui sentido muito preciso: são ordenados, com imposição das mãos, apenas o bispo, os presbíteros e os diáconos.
65. Este passo não parece muito claro, mas a epístola 1Tm 5,11-14 elucida-o: se a viúva é velha, seja experimentada; se é nova, não deve ser instituída.

ela, porque não oferece a Oblação* nem exerce [10]a *liturgia**. A ordenação existe para o clero* por causa da *liturgia*, mas a viúva só é instituída para a oração: esta é de todos.

Os leitores

O leitor* será instituído quando o bispo lhe [15]der o Livro[66]; também sobre ele não será imposta a mão[67].

As virgens

32 Não será imposta a mão sobre a virgem*: basta a sua decisão para fazer dela uma virgem.

Os subdiáconos

Nem será imposta a mão sobre o subdiácono*: será nomeado para seguir o diácono*.

---

66. Texto (L) omisso. Seguimos S(AE). Não está claro se se trata ou não da Bíblia. Alguns manuscritos entendem "Livro do Apóstolo", outros "do Evangelho". Na verdade, o leitor lia, primitivamente, a *Epístola* e o *Evangelho*, no que foi, depois, substituído, no uso romano, pelo subdiácono e pelo diácono respectivamente. Cf. Martimort, op. cit., p. 117.
67. Cf. nota 6, sobre a imposição das mãos.

O dom da cura

⁵Se alguém disser: Recebi o dom* da cura[68] por uma revelação*, não será imposta a mão sobre ele: os próprios fatos evidenciarão se diz a verdade.

PARTE II

Os que se aproximam da fé[69]

Os que são trazidos, pela primeira vez, para ouvir a Palavra* sejam primeiramente conduzidos à presença dos catequistas*[70] – antes da entrada do povo – e sejam ¹⁰interrogados sobre o motivo pelo qual se aproximam da fé. Deem testemunho* deles os que os tiverem conduzido[71], dizendo se estão aptos a ouvir a Palavra*; sejam, também, interrogados sobre sua vida: se tem mulher, se é escravo; se algum deles for escravo de um

---

68. Trata-se, neste passo, de um dom especial de Deus, pelo qual pode um homem curar o próximo. Cf. nota 1; cf. tb. *gloss.* art. *Charisma.*
69. A cerimônia do Batismo foi sempre, desde a idade apostólica, precedida de uma preparação. Cf. Martimort, op. cit., p. 594s. Cf. tb. *Peregrinação de Etéria*, ed. cit., p. 112s.
70. No texto, S(AE), *doctores*: estes não seriam doutores como hoje os entendemos – Santo Agostinho, Santo Tomás –, mas os encarregados do ensino catequético.
71. Este passo da *Tradição apostólica* não trata da inscrição para o Batismo, mas da simples aceitação para o catecumenato.

fiel* – e o seu senhor lhe permitir – [15]ouça a Palavra*; mas se o senhor não der testemunho dele dizendo que é bom, seja recusado.

34 Se o senhor for pagão, seja-lhe ensinado a agradar ao senhor para evitar a blasfêmia[72].

Se um homem tem mulher, se uma mulher tem marido, sejam ensinados a contentar-se – o homem com a mulher e a mulher com o marido. Se, porém, um homem não vive com uma mulher, seja ensinado a não fornicar [5]mas a tomar uma mulher segundo a Lei[73] – ou a permanecer como está.

Se alguém estiver possuído pelo demônio, não ouça a Palavra* da doutrina* enquanto não for purificado.

Os trabalhos e artes proibidos

Inquirir-se-á também a respeito dos trabalhos e ocupações dos que se apresentam para ser instruídos.

O que mantém casa de prostituição [10]desista, ou seja recusado.

O escultor ou pintor será ensinado a não fazer ídolos: ou cesse ou seja recusado.

---

72. No texto, S(AE), *blasphemia*, do grego βλασφημία, "calúnia", "palavra ultrajante". O catecúmeno deve agradar ao senhor para que não haja blasfêmia por parte deste.
73. Gn 2,23-24; Lv 21,7; Mt 19,3-9; Ef 5,22-33; Hb 13,4.

O que é ator ou representa no teatro cesse ou seja recusado[74].

O professor de crianças é bom que cesse; no entanto seja-lhe permitido ensinar [15]se não possui outra habilidade[75].

36 Igualmente o cocheiro que compete e todo aquele que vai à luta nos jogos públicos cessem ou sejam recusados[76]. O que é gladiador ou ensina a combater os gladiadores, o bestiário[77] que exercer o seu mister e o funcionário [5]encarregado das lutas de gladiadores cessem ou sejam recusados.

O sacerdote* – ou guardião – de ídolos abandone-os ou seja recusado.

O soldado – que recebe o poder de matar[78] – não matará ninguém; ainda que isto lhe seja ordenado não

---

74. Era difícil ser cristão *dentro* de uma cultura pagã; essas exigências visam a evitar atos e ideias comuns no teatro e contrários ao espírito da Igreja.

75. A Igreja visava a evitar o ensino pagão, uma vez que havia, já, escolas cristãs. Cf. Dom Botte, op. cit., II, p. 27, nota 5.

76. Texto (L) falta. S(AE) pouco claro: *Auriga similiter qui certat et vadit ad agonem, vel cesset vel reiciatur.* se os verbos *cesset* e *reiciatur*, no singular, têm um só sujeito, há redundância no texto: logicamente o que concorre vai aos jogos. Dom Botte sugere dois sujeitos, a partir de correção confirmada por (T): "O cocheiro que concorre ou quem quer que vá aos jogos como concorrente".

77. Texto (L) falta. Em S(AE), *venator* de κυνηγός (*kynēgós*), "caçador"; deve, porém, tratar-se do "bestiário".

78. Texto (L) falta. Em S(AE) lê-se: *miles qui est in potestate* (do grego ἐξουσία, *exousia*). A expressão, para Dom Botte, não ofe-

o fará, nem prestará o juramento. Se não concordar, porém, [10]seja recusado.

O que tem o poder do gládio e o magistrado da cidade, revestido de púrpura, renunciem ou sejam recusados.

O catecúmeno* e o fiel* que desejarem tornar-se soldados sejam recusados – por desprezarem a Deus.

A meretriz, o devasso e o invertido[79], e qualquer outro que [15]pratique atos que se não devem mencionar sejam recusados porque são impuros.

38 Não seja apresentado à inquirição o mágico. O feiticeiro, o astrólogo, o adivinho, o intérprete de sonhos, o charlatão, o falsário[80] e o fabricante de amuletos renunciem ou sejam recusados.

---

rece qualquer dúvida: significa o "soldado subalterno", o que é confirmado pela sequência do texto: *sii iubetur*, "se for mandado". Poder-se-ia, porém, pensar em um sentido diferente: "o soldado que tem o poder de matar", uma vez que ἐξουσία significa "licença", "poder de fazer alguma coisa", "liberdade", "faculdade". Preferimos prender-nos a essa interpretação, que nos autoriza o manuscrito (E): *homo qui accepit potestatem occidendi vel miles*. Cf. Dom Botte, op. cit., II, aparato crítico, p. 36.

79. Texto (L) falta. Em S(AE), *qui se abscidit*, "que se corta"; *abscido* tanto pode significar "cortar separando" como também "castrar", o que levaria, talvez, à tradução por "eunuco". De fato, já no Dt 23,2, lê-se: "Não será admitido na comunidade do Senhor quem tiver os órgãos genitais contundidos ou amputados". Sabendo, porém, que, nos Atos (v. 8,26), Felipe batiza o eunuco da rainha Candace, seguimos, neste passo, o manuscrito (C), que apresenta κιναιδος (*kinaidos*), preferindo "invertido" a "eunuco".

80. Texto (L) falta. Em S(AE), ψελλιστής (*psellistēs*), *qui abscindit oram vestium*: traduzimos tudo por falsário; *abscindere oram*

[5]A concubina, se for escrava do amigo, se tiver educado os filhos e se se tiver unido somente a esse homem, ouça a Palavra*; no caso contrário, seja recusada. Aquele que tiver uma concubina renuncie a ela e tome uma mulher segundo a Lei[81]; se o não quiser, porém, seja recusado.

Se houvermos omitido algo, as próprias ocupações vo-lo dirão, [10]pois todos nós temos o Espírito de Deus.

Os catecúmenos

Após os trabalhos e as ocupações, o tempo de ouvir a Palavra

Ouçam os catecúmenos* a Palavra* durante três anos. Se algum deles for atento e dedicado, não se lhe considerará o tempo: somente o seu caráter – nada mais – será julgado[82].

A Oração dos que ouvem a Palavra

40 Ao cessar o catequista* a instrução*, rezem os catecúmenos* em particular, separados dos fiéis*; as

---

vestium seria a maneira de falsificar. Sobre ψελλιστής, cf. Dom Botte, op. cit., II, p. 39, nota 2.
81. Cf. nota 73.
82. Cf. Martimort, op. cit., p. 596-597.

mulheres – tanto as fiéis quanto as catecúmenas – permaneçam rezando, também em particular, em qualquer lugar da igreja. Ao terminarem de rezar, não darão [5]a paz* porque o seu ósculo ainda não é santo*. Saúdem-se[83], porém, os fiéis reciprocamente – os homens aos homens e as mulheres às mulheres: os homens não saudarão as mulheres. Estas cubram a cabeça com um manto; não usem, porém, tecido de linho, que não serve para cobrir[84].

A imposição da mão sobre os catecúmenos

[10]O catequista*, após a prece*, imporá a mão sobre os catecúmenos*[85], rezará e os dispensará; quer seja um clérigo* ou um leigo*, o que prega a doutrina* assim o fará.

Se um catecúmeno* for aprisionado por causa do nome do Senhor, não se angustie: se lhe for infligida violência e morte antes de seus pecados [15]terem sido perdoados, será justificado – pois terá recebido o Batismo* no seu sangue.

---

83. 1Ts 5,26; 1Cor 16,20; 2Cor 13,12; Rm 16,16.
84. Texto (L) falta. Em S(AE), *velum*, do grego κάλυμμα (*kálymma*), "véu com que se envolve o corpo".
85. Cf. nota 6.

Os que receberão o Batismo

42 Escolhidos os que receberão o Batismo*[86], sua vida será examinada: se viveram com dignidade enquanto catecúmenos*, se honraram as viúvas, se visitaram os enfermos, se só praticaram boas ações. E, [5]ao testemunharem sobre eles os que os tiverem apresentado, dizendo que assim agiram, ouçam o Evangelho*.

Desde o momento em que houverem sido separados, seja imposta a mão sobre eles, diariamente, e ao mesmo tempo sejam exorcizados*.

Aproximando-se o dia em que serão batizados, exorcize o bispo* cada um, para saber se é puro.

[10]Se algum deles não for bom ou não for puro, seja posto à parte: não ouviu a Palavra* com fé – porque é impossível que o Estranho* se oculte sempre.

Sejam os *baptizandi** instruídos no sentido de que se lavem e se banhem no quinto dia da semana. Se uma mulher estiver menstruada, seja posta à parte e receba [15]o Batismo* em outro dia.

---

86. Os que deverão receber o Batismo chamam-se *baptizandi, electi* ou *competentes*; após o exame de sua vida são inscritos para o Batismo (cf. Martimort, op. cit., p. 597 e *Peregrinação de Etéria*, ed. cit., p. 111s.). A primeira fase da preparação para o Batismo é o catecumenato que pode durar três anos, ou menos: é a fase descrita de 38,11 a 40,16. A segunda fase inicia-se pela escolha dos que receberão o Batismo (42,1s.) e prolonga-se até à vigília que precede a manhã do Batismo (44,3).

Jejuem os que receberão o Batismo na véspera do sábado; e, no sábado, serão eles reunidos em um só local, designado pelo bispo*.

Ordene-se a todos que rezem e se ajoelhem: impondo sobre eles a mão, exorcizará [20]o bispo todos os espíritos "estranhos"[87] para que fujam e não tornem jamais; ao terminar o exorcismo*, sopre-lhes no rosto[88].

44 Depois de marcar-lhes com o sinal da cruz a fronte, os ouvidos e as narinas[89] ele os fará levantarem-se.

E permanecerão vigilantes durante toda a noite, e se lerá para eles, e serão instruídos.

Não tenham os *baptizandi** nada em seu poder, a não ser o que trazem para a Eucaristia*[90] [5]o que se tornou digno deve participar, na mesma hora, da Oblação*.

A tradição do santo Batismo

Ao cantar do galo[91], reze-se, primeiro, sobre a água. Deve tratar-se de água corrente, na fonte, ou

---

87. Espíritos diabólicos. Sobre o jejum, cf. *Didaqué*, ed. cit., VII, 4.
88. Exsuflação e signação dos ouvidos, da fronte e do nariz. Cf. Martimort, op. cit., p. 598.
89. Id.
90. Texto (L) falta. Em S(AE), εὐχαριστία (*eucharistia*): entenda-se como o sacrifício do Corpo do Senhor.
91. Isto é, de madrugada. Sobre o Batismo, cf. *Didaqué*, ed. cit., cap. VII.

derramando-se do alto; assim deve ser, exceto, porém, em caso de necessidade: se [10]esta persistir, ou for premente, use-se a água que se encontrar.

Os *baptizandi** despirão suas roupas, batizando-se primeiro as crianças[92]. Todos os que puderem falar por si mesmos, falem. Os pais, ou alguém da família, falem, porém, pelos que não puderem falar por si. Batizem-se depois os homens e finalmente [15]as mulheres – que terão soltado os cabelos **46** e tirado os enfeites de ouro (e prata)[93] que sobre si levassem: ninguém usará qualquer objeto estranho[94] ao descer para a água.

No momento previsto para o Batismo*, o bispo* dará graças sobre o óleo, que porá em um vaso e [5]chamará "óleo de ação de graças". E tomará também outro óleo, que exorcizará* e chamará "óleo de exorcismo".

------

92. Segundo alguns autores, batizavam-se, na idade apostólica, somente adultos. No início do século IV, porém, os batizados de crianças passam a ser mais comuns do que aqueles. A Tradição Apostólica, ainda que anterior ao século IV, mostra, já, o início dessa mudança. Cf. Martimort, op. cit., p. 595. (Outros autores, com base no Batismo da família de Cornélio, At 10,11ss., afirmam que se batizavam crianças também na idade apostólica: cf. At 10,44: "o Espírito Santo desceu sobre *todos*..."; 11,14: "... serás salvo, tu e *todos* os de tua casa".)
93. (e prata): provável interpolação. O texto é S(AE): falta (L).
94. Texto (L) falta. Em S(AE), *rem alienam* (ἀλλότριος, *allótrios*). ἀλλότριος é o que é alheio, estranho, contrário, hostil; o que é pagão, o que pertence ou diz respeito ao demônio.

O diácono* trará o óleo de exorcismo e colocar-se-á à esquerda do presbítero*; outro diácono* pegará o óleo de ação de graças, colocando-se à direita do presbítero*. [10]Acolhendo este cada um dos que recebem o Batismo*, ordene-lhe renunciar, dizendo:

Renuncio a ti, satanás, a todo o teu serviço[95] e a todas as tuas obras.

Após a renúncia de cada um, unja-o com óleo de exorcismo, dizendo-lhe: Afaste-se de ti todo espírito impuro. E, assim, [15]entregue-o nu ao bispo* ou ao presbítero* que se mantém junto da água e batiza. **48** Desça também com ele o diácono*, desta forma:

Assim que desce à água o que é batizado, diga-lhe o que batiza, [5]impondo sobre ele a mão[96]:

Crês em Deus Pai Todo-poderoso?

E o que é batizado responda:

Creio.

Imediatamente[97], com a mão pousada sobre a sua cabeça, [20]batize-o aquele uma vez. E diga, a seguir:

---

95. Texto (L) falta. S(AE) empregam todos um termo que significa "serviço", do grego λατρεία (*latreia*) ou πομπή (*pompê*), permitindo-nos entender "serviço" como "culto dos deuses pagãos".
96. Cf. nota 6.
97. Retoma-se, a seguir, o texto (L). A falta de 48,10-15 explica-se por interpolação em S(AE) que vínhamos seguindo. "Batizar" significa, aqui, "mergulhar": o Batismo fazia-se por tríplice imersão.

Crês em Jesus Cristo, Filho de Deus[98], que nasceu do Espírito Santo e da Virgem Maria[99], e foi crucificado [25]sob Pôncio Pilatos[100] e morreu[101] (e foi sepultado)[102] e, vivo, ressurgiu dos mortos no terceiro dia[103], **50** e subiu aos céus[104] e sentou-se à direita do Pai[105] e há de vir julgar os vivos e os mortos?

Quando responder: Creio, será batizado pela segunda vez.

[5]E diga novamente:

Crês no Espírito Santo, na santa Igreja[106] (e na ressurreição da carne)?[107]

Responda o que está sendo batizado:

Creio.

---

98. Mt 26,63-64.
99. Mt 1,18-23.
100. Mt 27,11-26.
101. Mt 27,50.
102. Mt 27,60. Só o texto (L) traz *et sepultus*. (TKSAE) trazem apenas *mortuus est*.
103. Mt 28,1-6.
104. Lc 24,51.
105. Mc 16,19.
106. A santa Igreja não é um artigo de fé. O texto (L) não está claro: *Credis in spiritu sancto et sanctam ecclesiam...* Em S(AE), lê-se: *in sanctum... spiritum... in sancta ecclesia...* Parece que se deve entender a santa Igreja como complemento de lugar. Cf. 38,20.
107. (e na ressurreição da carne): provável interpolação; só consta de (L) e (E).

[10]E seja batizado pela terceira vez[108].

Depois de subir da água, seja ungido com o óleo santificado, pelo presbítero, que diz:

Unjo-te com o óleo santo, em [15]nome de Jesus Cristo[109].

Depois, um por um, enxuguem-se, vistam-se e entrem na igreja.

A Confirmação

52 O bispo*, impondo sobre eles a mão[110], faça a invocação, dizendo:

Senhor Deus, que os tornaste dignos de merecer a remissão dos pecados [5]pelo banho da regeneração, torna-os dignos de ser cumulados[111] do Espírito San-

---

108. Observar o longo rito de adesão com perguntas e respostas. Cf. Hanssens, op. cit., p. 459-460. Notar a fórmula do Credo, como hoje a conhecemos, e como a conhecia Tertuliano, pelos fins do século II.

109. Esta unção é atestada, pela primeira vez, em Hipólito. Cf. Martimort, *op. cit.*, p. 596.

110. Cf. nota 6.

111. O texto (L) está pouco claro; o tradutor teria saltado uma linha ou teria por modelo um ms grego no qual faltasse uma linha. Em B(AE)T lê-se: *fac eos dignos ut repleantur spiritu sancto...* e essa é a lição que traduzimos. Cf. Dom Botte, op. cit., II, p. XXXVII.

to; lança sobre eles a tua graça* para que te sirvam de acordo com a tua vontade, pois a ti [10]a glória – ao Pai e ao Filho, com o Espírito Santo na santa Igreja, pelos séculos dos séculos. Amém.

[15]Depois, derramando óleo santificado na mão e pondo-a sobre sua cabeça, diga:

Eu te unjo com o óleo santo, no Senhor Pai Onipotente e em Jesus Cristo e no Espírito Santo[112].

54 Marcando-o na fronte com o sinal da cruz, ofereça-lhe o ósculo* e diga:

O Senhor esteja contigo.

Responda o que foi marcado:

E com o teu Espírito.

Assim [5]proceda com cada um. A seguir, rezem junto com todo o povo – não rezando com os fiéis enquanto não tiverem alcançado tudo isso. Após a oração, [10]ofereçam o ósculo da paz[113].

---

112. Essa unção pós-batismal feita pelo bispo constitui o rito sacramental da confirmação. Cf. Hanssens, op. cit., p. 480.
113. No texto, (L), *de ore pacem offerant*. Agora que foram marcados o seu ósculo é santo. Cf. nota 22, cf. 40,5.

A Primeira Eucaristia

Os diáconos* ofereçam então [15]a oblação* ao bispo[114]; dê este graças sobre o pão, para representação[115] do Corpo de Cristo, e sobre o cálice de vinho preparado[116], para [20]imagem[117] do Sangue que foi derramado por amor de todos os que creem nele; **56** igualmente sobre o leite e o mel misturados, para lembrar a plenitude da promessa feita aos antepassados; nessa promessa, anunciou Deus a "terra de onde fluem o leite e o mel"[118]; [5]e por ela, deu Cristo a sua Carne[119], de que, assim

---

114. Após descrever o Batismo e a Crisma, Hipólito apresenta o ritual da Missa batismal. Note-se que aparece como função do diácono oferecer a oblação ao bispo. A palavra *Missa* não aparece na *Tradição apostólica*; o *Sacrifício* é designado por: *Refeição do Senhor, Fração do Pão, Oblação, Liturgia.* Encontra-se, também, em Hipólito, *Eucaristia,* que, sem perder o seu sentido primitivo de Ação de Graças, significa já o *Sacramento do Pão e do Vinho.* Na *Peregrinação de Etéria* o *Sacrifício* é designado tanto por *Oblação* como por *Missa.* V. *Peregrinação de Etéria,* ed. cit., Índice analítico, art. *Oblação,* e Hanssens, op. cit., p. 481s.

115. No texto, (L), *exemplum quod dicit gr(a)ecus antitypum*: o tradutor latino traduziu *antitypum* por *exemplum*, adindo a glosa. Cf. *gloss.,* art. *antitypum.*

116. "Vinho preparado", isto é, vinho e água. V. Martimort, op. cit., p. 310. Já em Homero encontra-se a expressão "vinho preparado": os gregos jamais bebiam o vinho puro.

117. No texto, (L), *similitudo*, provavelmente do grego ὁμοίωμα (*homóiōma*). cf. Dom Botte, op. cit., II, p. 55, nota 2.

118. Ex 3,8.17.

119. A "terra de onde fluem o leite e o mel" pode ser considerada como o próprio Cristo: o Senhor é o Emanuel prometido à casa de Davi. O leite e o mel são o símbolo da terra prometida, o símbolo da vinda do Messias. Cf. *Bíblia Sagrada,* versão portuguesa citada, Is 7,15, nota.

como crianças, se alimentam os que creem, tornando doce a amargura do coração pela suavidade da Palavra*. [10]Dê o bispo, igualmente, graças* sobre a água em oblação*, como representação do Batismo*, para que o homem interior, que é a alma[120], obtenha os mesmos dons que o corpo[121].

Todos esses fatos [15]explique-os o bispo* aos que recebem[122].

Partindo o pão, diga, distribuindo os pedaços:

O Pão Celestial em Jesus Cristo.

E o que recebe [20]responda:

Amém[123].

Se os presbíteros não forem suficientes, peguem os cálices os diáconos* e, com dignidade, coloquem-se em ordem: primeiro o que segura [25]a água, em segundo lugar o que segura o leite, em terceiro o que segura o vinho[124].

---

120. No texto, (L), *interior homo, quod est animale*, provavelmente tradução do grego ψυχικόν (*tò psychikón*). Cf. Dom Botte, op. cit., II, p. 57, nota 2.
121. O autor refere-se, naturalmente, à purificação pela água.
122. O texto, (L), não traz o complemento de *percipiunt*, "recebem", ao passo que S(AE) trazem *baptismum*. Trata-se evidentemente da comunhão que é dada aos que recém-receberam o Batismo. Cf. Dom Botte, op. cit., II, p. 57, nota 3.
123. Eis as palavras da renovação litúrgica: *"Corpus Christi. – Amen"*.
124. Esta refeiçãozinha de mel e leite equivaleria à primitiva Ceia. Cf. Martimort, op. cit., p. 310.

58 Provem de cada cálice os que recebem, dizendo três vezes aquele que dá:

Em Deus Pai Onipotente.

Responda o que recebe:

Amém.

[5]– E em Nosso Senhor Jesus Cristo.

/– Amém./

– E no Espírito Santo e na santa Igreja.

E responda: Amém.

Assim se proceda com cada um.

Após a cerimônia, apressem-se [10]a praticar o bem, a agradar a Deus, a viver corretamente, pondo-se à disposição da Igreja, fazendo o que aprenderam e progredindo na piedade[125].

Isto, de maneira concisa, vos transmiti a respeito do santo Batismo* e da santa Oblação*, porque já fostes instruídos [15]sobre a ressurreição da carne e sobre o mais, de acordo com o que está escrito[126]. Se algo deve ser lembrado, diga-o o bispo* aos que tiverem recebido o Batismo*[127], em segredo, para que os não fiéis não sejam

---

125. Cl 2,7.
126. Enquanto catecúmenos.
127. Trata-se da catequese mistagógica para os neófitos (v. *Peregrinação de Etéria,* ed. cit., p. 114), e da disciplina do arcano. O texto (L) falta; (AE) trazem o verbo *receperunt,* "receberam" sem

informados, a não ser depois que o houverem também recebido. Esta é a "ficha branca", à qual aludiu João, dizendo: Um novo nome foi escrito [20]nela, e ninguém o conhece a não ser aquele que a receberá[128].

PARTE III

A comunhão dominical[129]

60 No domingo de manhã[130], o bispo*, se puder, distribuirá a comunhão* a todo o povo, com as próprias mãos, partindo os diáconos* o pão; também os presbíteros* [5]poderão parti-lo[131].

---

complemento; (S) traz como complemento *baptismum* e esta lição parece-nos a mais correta; o Autor opõe aos que "receberam" e vão conhecer o segredo da ficha branca os não fiéis, ἄπιστοι (*ápistoi*). Ora, a fronteira entre os infiéis e os "que receberam" não é a Eucaristia, mas o Batismo que a precede.

128. Ap 2,17. Texto (L) falta. Em S(AE), lê-se: *nomen novum scriptum est in eo, quod nemo novit nisi qui accipiet calculum.* Em Ap 2,17: *et in calculo nomen novum scriptum, quod nemo scit nisi qui accipit* (cf. *Biblia Sacra, Vulgatae Editionis*, ed. cit.).

129. Lacuna no texto (L).

130. Texto (L) falta. Em (E) e (K), lê-se *sabbato*. O comentador, porém, assinala a influência oriental a exercer-se sobre os copistas ou tradutores; o dia santificado, no séc. III, é o domingo. V. Dom Botte, op. cit., II, p. 61, nota 2.

131. Trata-se da Eucaristia. Não confundir com o pão bento que se distribui ao povo. O Texto (L) falta; em (E) lê-se *coctum panem.*

Quando o diácono* apresentar ao presbítero* a Eucaristia*, estenderá o vaso[132] e o próprio presbítero o tomará e distribuirá pessoalmente ao povo.

Nos outros dias, os fiéis* [10]receberão a comunhão segundo as ordens do bispo*.

O jejum[133]

Jejuem frequentemente as viúvas* e as virgens*, e rezem pela Igreja. [15]Os presbíteros* e os leigos* jejuem quando quiserem. O bispo*, entretanto, não pode jejuar [20]a não ser no dia em que todo o povo o faz, pois pode acontecer que alguém queira levar algo à igreja: ele não pode recusar e, se parte o pão, [25]deve prová-lo.

O ágape

As dádivas aos doentes[134]

62 O diácono* – se o presbítero* não estiver presente – dará, em caso de necessidade, o *signum*[*135] aos enfermos

---

132. No texto, (E), *vestem*, resultado da confusão da palavra grega λέβης (*lébēs*), que o árabe transcreveu *lbs* e que o etíope entendeu *lebsō*, palavra árabe que significa "sua veste". O grego λέβης significa "bacia", "caldeirão", "vaso"; hoje diríamos "cibório".
133. Lacuna no texto (L). Traduzimos S(AE).
134. Lacuna no texto (L). Traduzimos (E).
135. *Signum*: conservamos o termo do original, na impossibilidade de traduzi-lo ou sequer explicá-lo.

com solicitude. Depois de dar-lhes quanto [5]é necessário e receber o que for distribuído, dará graças* e aí comerão.

Todos aqueles que recebem devem dar com desvelo: se [10]alguém receber algo para levar a uma viúva, a um enfermo ou a alguém que se dedique à Igreja, leve-o no mesmo dia; se o não fizer, leve-o no dia seguinte, aumentando com algo de seu o que havia – por ter permanecido [15]na sua casa o pão dos pobres.

A introdução da Lucerna* *na ceia da comunidade*[136]

64 Com a presença do bispo*, ao cair da noite, o diácono* trará a *lucerna** e, aquele, de pé, no meio de todos os fiéis presentes, dará graças*[137].

Saudará, em primeiro lugar, dizendo:

O Senhor esteja convosco.

O povo responderá:

E com o teu Espírito.

– Demos graças ao Senhor.

---

136. Lacuna de (L). Texto (E). Esta cerimônia corresponde ao *Lucernare* do século IV. V. *Peregrinação de Etéria*, ed. cit., p. 84-85. Cf. tb. *gloss.*, art. *lucernare*.

137. O texto, (E), não é claro quanto ao sujeito da oração. Não há dúvida, entretanto, de que se trata do bispo: 1º) dará graças; 2º) saudará; 3º) não dirá *sursum corda*, porque o diz na Oblação: ora, quem o diz é o bispo. Cf. 12,4.

E responderão:

É digno e justo; [5]a Ele convém a grandeza e a exaltação com a glória.

Não dirá: Corações para o alto! Porque o diz na Oblação*; mas rezará da seguinte forma:

Graças te damos, Senhor, pelo teu Filho Jesus Cristo, Nosso Senhor, pelo qual nos iluminaste, revelando-nos a luz incorruptível. Atingindo portanto o fim do dia [10]e chegando ao início da noite, tendo-nos saturado da luz do dia, que criaste para a nossa saciedade, e não carecendo, agora, da luz da tarde, pela tua graça, louvamos-te e te glorificamos, pelo teu Filho Jesus Cristo, Nosso Senhor, pelo qual a ti a glória, o poder e a honra – com o Espírito Santo, agora e sempre e [15]pelos séculos dos séculos. Amém.

Responderão todos:

Amém.

Após a Ceia* erguer-se-ão rezando; e os meninos e as virgens* recitarão salmos*[138].

66 O diácono*, a seguir, ao receber o cálice preparado da Oblação*[139], recitará um desses salmos* nos quais está escrito *alleluia*. E, se o presbítero* o ordenar, outro dos mesmos salmos. Depois que o bispo* oferecer o cálice, [5]dirá um dos que a este se referem – todo com

138. O texto, (E), está obviamente incompleto neste passo.
139. Cf. nota 116.

alleluia – e todos o repetirão. Recitando-os, repetirão sempre *alleluia*, que significa: louvamos "Aquele que é", Deus[140]; glória e louvor Àquele que criou o universo todo somente pelo Verbo[141].

Terminando o salmo*, o bispo abençoará o cálice e distribuirá pedaços de pão entre os fiéis*[142].

A Ceia[143]

[10]Ao cearem, os fiéis* presentes, antes de cortarem o seu próprio pão, recebam da mão do bispo o pedacinho

---

140. Em Ex 3,14, o Senhor diz a Moisés: "Sou Aquele que sou". Para o judeu, como para o grego, dizer o seu nome é patentear a sua essência e enfraquecer. Já em Homero, encontramos Ulisses respondendo ao ciclope que lhe pergunta quem é: "Meu nome é Ninguém".

141. Cf. nota 25.

142. Curiosa referência à Eucaristia na descrição do ágape. Cf. Martimort, op. cit., p. 310.

143. Texto (L) falta. Traduzimos (Eᵃ) depois S(AE). Esta ceia é o ágape, instituição fundamental na comunidade cristã dos primeiros séculos; todos os membros da comunidade, principalmente os pobres, podiam ser convidados. A cerimônia era presidida pelo bispo ou, em sua ausência, pelo presbítero; na falta deste, por um diácono ou mesmo um leigo. Os catecúmenos, se convidados, deviam ficar à parte e recebiam pão exorcizado e uma taça de vinho. Também os ausentes participavam dessas ceias: o presbítero ou o diácono incumbia-se de levar-lhes os "restos dos santos". Notar a estrutura do ágape: os dons aos doentes (62), o *lucernare* e a fórmula de ação de graças que o encerra (64,1-15), a salmodia (66,1-8), a bênção e a distribuição dos fragmentos do pão ritual (66,8s.). É importante assinalar o caráter não eucarístico do rito do ágape. Cf. Hanssens, op. cit., p. 146s.

de pão: é uma *eulogia**, não a Eucaristia* 15– Corpo do Senhor. **68** É necessário que todos, antes de beberem, tomem o cálice e deem graças* sobre ele: assim, então, com pureza, comam e bebam.

Aos catecúmenos* dar-se-á pão de exorcismo e oferecer-se-á um cálice[144].

Os catecúmenos não comerão em companhia dos fiéis[145]

Não participará o catecúmeno* da ceia do Senhor.

Durante toda a oblação*[146], aquele que se serve deve ser digno[147] do que o convidou – pois para isso foi convidado a entrar sob o seu teto.

É necessário comer com sabedoria e moderação

Quando comerdes e beberdes, fazei-o com dignidade – e não à ebriedade – **70** para que ninguém ria e para que se não entristeça pela vossa afronta o que vos convida, mas espere ser digno de que [5]os santos entrem em sua casa; porque vós sois, diz, o sal da terra[148].

---

144. Voltamos ao texto (L).
145. O catecúmeno, após receber o pão de exorcismo, sai.
146. Entenda-se Ceia, precursora da Missa como se celebra hoje.
147. No texto, (L), *memor sit qui offert eius qui illum uocauit.*
148. É Jesus quem diz: "Vós sois o sal da terra... vós sois a luz do mundo. Brilhe a vossa luz diante dos homens". Cf. Mt 5,13s.

Se alguém oferecer a todos, em comum, o que se chama, em grego, ἀποφόρητον (*apofóreton*), aceitai a vossa parte; [10]se, porém, fordes convidados a comer[149], fazei-o de modo que sobre para que todos comam o suficiente e para que aquele que vos houver convidado possa enviar algo a quem desejar – como sobras dos santos – e [15]se alegre com a vossa atenção.

Além disso, comendo, sirvam-se os convidados em silêncio, sem discussões, falando apenas sobre o que for permitido pelo bispo* e respondendo-lhe se [20]perguntar algo.

72 Ao falar o bispo*, calem-se todos, com discrição e consideração, até que ele, novamente, faça perguntas.

[5]Se os fiéis comparecerem à ceia* sem o bispo*, com a presença do presbítero* ou do diácono*, deverão comer com a mesma dignidade e apressar-se a [10]receber, da mão do presbítero* ou do diácono*, a *benedictio**[150]. Receba também o catecúmeno* o pão de exorcismo.

Se se reunirem leigos*, procedam com prudência, pois um leigo* [15]não pode dar a *benedictio**.

---

149. Lacuna no texto (L). Completamos a tradução com S(AE).
150. Pão bento.

É necessário comer em ação de graças

Comam todos em nome do Senhor: na verdade, [20]agrada a Deus que, todos iguais e sóbrios, sejam ciosos do nosso comportamento, mesmo no meio dos gentios*[151].

A ceia das viúvas

74 As viúvas* que se convidarem para a ceia deverão ser de idade madura[152]; sejam também dispensadas antes do cair da tarde. Aquele que não puder convidá-las por causa do [5]seu cargo dispense-as após dar-lhes alimento e vinho, que tomarão em casa, como lhes agradar.

Os frutos que se devem oferecer ao bispo

[10]Apressar-se-ão todos a trazer ao bispo* os primeiros frutos da estação[153]; o bispo* oferecê-los-á; abençoando-os e citando o que os oferece, dirá:

76 Graças te damos, Deus, e te oferecemos as primícias dos frutos que nos deste para que os tomemos, [5]nutrindo-os pelo teu Verbo*[154], ordenando à terra que

---

151. 1Cor 14,12.
152. 1Tm 5,9.
153. Dt 26,2-4.
154. Sl 33,6-9; Sb 9,1.

os produza para alegria e alimento dos homens e de todos os animais. Por tudo isso, nós te louvamos, Deus, [10]e por tudo quanto nos proporcionaste, provendo, para nós, toda a criação de frutos diversos. Por teu Filho, Jesus Cristo, Nosso Senhor, [15]pelo qual a ti a glória, pelos séculos dos séculos. Amém.

A bênção dos frutos

78 Abençoam-se os frutos – a uva, o figo, a romã, a azeitona, a pera, a maçã, a amora, o pêssego, a cereja, [5]a amêndoa, os damascos; não, porém, a melancia, o melão, os pepinos, a cebola, o alho ou qualquer outro legume[155].

Oferecem-se, às vezes, flores: [10]podem oferecer-se a rosa e o lírio – mas não as outras.

E, sobre todas as coisas, deem graças* ao santo Deus os que as recebem, para sua glória.

[15]O jejum da Páscoa

Ninguém deve provar coisa alguma, na Páscoa, antes da hora em que se deve comer

---

155. O motivo da discriminação encontra-se, por certo, no fato de que o bispo devia provar de todos os frutos oferecidos.

Ninguém coma, na Páscoa, antes de [20]fazer-se a Oblação*[156], pois não será considerado o jejum de quem assim proceder.

Se uma mulher estiver grávida ou não se sentir bem[157] e não puder jejuar os dois dias, jejue [25]no sábado – porque é necessário – um jejum de pão e água.

80 Se alguém, encontrando-se a bordo ou em algum embaraço, esquecer-se da Páscoa*, [5]jejue após a Quinquagésima*. A imagem passou – cessou no segundo mês[158] –, mas todo aquele que tiver aprendido a verdade deverá jejuar.

---

156. Este jejum fazia-se na sexta-feira e no sábado, até a hora da Missa, na madrugada do domingo. Sobre a prática e a ideia do jejum, cf. *Diccionario de Teología Bíblica*, ed. cit., art. *Ayuno*.
157. Texto pouco claro: *"Si quis autem in utero habet et aegrotat..."* O comentador, baseando-se nos manuscritos (S) e (A), interpretou os dois verbos como tendo dois sujeitos diferentes; preferimos a tradução mais próxima do manuscrito latino. Cf. Dom Botte, op. cit., II, p. 79, nota 4.
158. Passo um tanto difícil: (L) omite a frase *"non est enim Pascha quod custodimus"* de S(AE), impossível de aceitar, a menos que se refira à Páscoa hebraica, *figura* ou *imagem* da Páscoa cristã. A observação seguinte, *"quapropter secundo mense cessauit"* (L), ou *"quapropter non dicimus in mense secundo"* S(AE), prende-se à tradição da Páscoa hebraica: os hebreus prolongavam a celebração da Páscoa até o segundo mês, após o que cessava completamente.

[10]Os diáconos devem trabalhar incessantemente junto ao bispo

Cada diácono* – com os subdiáconos* – desempenhe suas funções junto ao bispo*. Ser-lhe-ão também recomendados os doentes para que os visite, se for do agrado [15]do bispo*: um enfermo alegra-se grandemente se o chefe dos sacerdotes* se lembra dele[159].

O momento da oração[160]

82 Assim que acordarem e se levantarem – antes de tocar o que quer que seja – rezem os fiéis* a Deus; só então, [5]sem perda de tempo, dirijam-se ao trabalho. Se, porém, houver catequese* pela palavra, prefiram ir ouvir a Palavra* de Deus, para consolo de sua alma: [10]apressem-se a ir à igreja, onde floresce o Espírito*.

A Comunhão diária

É mister receber primeiro a Eucaristia, sempre que se faz a Oblação, antes de provar o que quer que seja

Apresse-se todo fiel* [15]a receber a Eucaristia*, antes de provar qualquer coisa. Se ele a recebe porque tem fé,

---

159. Adiante, em 86,1-6, volta o autor a falar dos diáconos.
160. Este capítulo da Oração repete-se, pormenorizadamente, adiante: v. 88-96.

o que quer que, depois, lhe seja dado – ainda que mortal – não poderá prejudicá-lo.

É necessário guardar diligentemente a Eucaristia

84 Esforcem-se todos para que o infiel não prove a Eucaristia*, nem que o faça um rato ou outro animal, e para que dela não caia qualquer parcela, e se perca: [5]ela é o Corpo de Cristo, que deve ser comido[161] pelos crentes [10]e que não deve ser negligenciado.

Nada deve cair do cálice

Consagrando o cálice em nome de Deus, recebeste como que a representação* do Sangue de Cristo; [15]não queiras derramá-lo: que o espírito hostil[162], como se o desprezasses, não venha lambê-lo. Serias culpado para com o Sangue – como quem despreza o preço pelo qual [20]foi comprado[163].

---

161. Textual: *"edendum est"* (L). Note-se o hábito da comunhão diária que os fiéis tomavam em casa, em jejum. V. Martimort, *op. cit.*, p. 310, 520.

162. No texto, (L), *"spiritus alienus"*, correspondendo ao grego ἀλλότριος (*allótrios*). Cf. nota 94.

163. No texto, (L): *"Reus eris sanguinis, tamquam qui spernit praetium quo conparatus est".* Cf. 1Cor 11,27ss.: *"...quicumque manducaverit panem hunc vel biberit calicem Domini indigne, reus erit corporis et sanguinis Domini..."* Cf. *Biblia Sacra, Vulgatae Editionis*, ed. cit.

Reunião dos presbíteros e dos diáconos

86 Reunir-se-ão diariamente os diáconos* e os presbíteros*, no local designado pelo bispo*. Não deixem aqueles de reunir-se sempre, a menos que os impeça a doença. Ao se reunirem todos, instruam os que se encontram ⁵na igreja e, após a oração, dirija-se cada um ao trabalho que lhe compete.

Os locais de sepultura

Ninguém encontre dificuldade para enterrar o próximo nos cemitérios, pois estes pertencem a todo pobre. Pague-se, porém, ao coveiro, o seu salário e o preço dos tijolos[164]. ¹⁰Para que nenhuma taxa se imponha aos que os procuram, sustente o bispo* os guardas e zeladores dos cemitérios.

---

164. Lacuna no texto (L). A palavra grega correspondente à tradução de S(AE) é κεραμος (*kéramos*), "argila" ou "objetos de terracota"; pode-se então pensar em placas de terracota que tampassem a boca dos columbários, ou telhas que cobrissem sepulturas abertas na terra, para abrigá-las da chuva, segundo o uso de Alexandria e Roma, ou jarras, sarcófagos usados na África, e provavelmente desconhecidos em Roma. V. Hanssens, op. cit., p. 492-493.

O momento em que se deve rezar[165]

Oração e catequese

88 Todo fiel* e toda mulher fiel, ao levantarem-se do sono pela manhã, antes de tocarem o que quer que seja, lavem-se as mãos e rezem a Deus; somente então dirijam-se ao trabalho.

Se houver instrução* da palavra de Deus, prefiram [5]encaminhar-se ao local, considerando em seu coração que é a Deus que ouvem naquele que prega[166]. Todo aquele que rezar na igreja poderá vencer a maldade do dia, e o que temer a Deus[167] considerará um grande mal não ir ao lugar da instrução*, principalmente [10]se souber ler ou se o catequista* estiver presente[168].

Nenhum de vós se atrase ao ir à igreja – lugar onde se ensina. Será então concedido, ao que fala, dizer o que é útil a cada um. Ouvirás coisas nas quais não pensas e tirarás proveito do que o Espírito Santo te disser por intermédio do catequista*. Tua fé, com o que ouvires, [15]será reforçada. Ser-te-á também dito, aí, o que convém que faças na tua casa.

---

165. Este capítulo é a reprodução, com pormenores, de capítulo anterior, "O momento da oração". Cf. nota 160.
166. Jo 6,45.
167. Hb 12,25-28.
168. Texto confuso. Lacuna de (L). Em (S), lê-se: *praesertim autem si potest legere vel si doctor venit.*

Cada um deve ter, por isso, a preocupação de ir à igreja, local onde floresce o Espírito Santo.

Nos dias em que não houver instrução*, estando cada um em sua casa, tome um livro santo[169] e leia nele, suficientemente, o [20]que lhe parecer proveitoso.

90 Se estiveres em casa, reza quando for a hora terceira e bendiz a Deus. Se estiveres em outro lugar nesse momento, reza a Deus em teu coração: pois a essa hora viu-se o Cristo ser pregado no lenho*[170].

Por essa razão também, no Antigo Testamento, a Lei [5]prescreve que se ofereça o pão da proposição[171], sempre como imagem do Corpo e do Sangue de Cristo[172]; e a imolação do cordeiro irracional[173] é a imagem do Cordeiro perfeito[174]. Cristo é o Pastor[175] e é também o Pão que desce do céu.

---

169. Não se pode entender *o* Livro Santo. Cf. Dom Botte, op. cit., II, p. 89, nota 6: o texto, (S), apresenta um artigo indefinido, que pressupõe a ausência do artigo em grego.
170. Nove horas: indicação da crucifixão segundo Mc 15,25. Há, no texto, sete horas de oração, esboço das horas que constituem o breviário: v. Índice analítico, art. *Horas*, e Hanssens, op. cit., p. 156.
171. Pão de flor de farinha, destinado ao uso sagrado (Lv 24,5-9; 1Sm 21,4-5; Ne 10,34 nota, na versão portuguesa citada), também chamado pão da apresentação (Lv 21,8; Mt 12,4), figura da Eucaristia (Ex 25,30 e nota na versão portuguesa citada).
172. Lacuna em (L). S(AE) trazem a palavra grega τύπος (*týpos*), "marca", "sinal", "imagem".
173. Ex 12; Nm 9,12.
174. Jo 19,36; 1Cor 5,7; Hb 9,12-14.24-26.28; 1Pd 1,19.
175. Mt 15,24; Mc 14,27; Jo 10,11.14-16.26-28; 21,15ss.; Hb 13,20.

[10]Reza, igualmente, quando for a hora sexta[176]: quando Cristo foi pregado no lenho da cruz, o dia foi dividido[177] e se fizeram grandes trevas. Rezarão todos, portanto, a essa hora uma oração fervorosa, imitando a voz daquele que, ao rezar, cobriu de trevas toda a criação[178] diante dos judeus incrédulos.

[15]Façam também, ainda, uma grande prece* e uma grande exaltação do Senhor quando for a hora nona[179], para sentirem o modo como a alma dos justos glorifica a Deus – que não mente, que se lembra dos seus santos* **92** e enviou o seu Verbo* para iluminá-los. Portanto, a essa hora, Cristo, ferido no lado, verteu água e sangue[180] e, [5]iluminando o resto do dia, estendeu-o até o cair da tarde: Cristo, começando a dormir, deu origem ao dia seguinte e perfez [10]a imagem da Ressurreição*[181].

Reza ainda antes que o teu corpo descanse no teu leito. E, mais ou menos à [15]meia-noite, levanta-te, lava as mãos com água e reza. Se tua mulher também estiver presente, rezai os dois juntos; se ainda não for batizada,

---

176. Meio-dia.
177. Cf. Mt 27,51: "Eis que a cortina do templo se rasgou em duas partes...", quando Cristo expirou, não quando foi pregado.
178. Mt 27,45-51.
179. Três horas da tarde.
180. O sangue é símbolo de expiação e a água de purificação. Cf. *Bíblia Sagrada*, versão portuguesa citada, Jo 19,34, nota e 35-36, id.
181. V. Hanssens, op. cit., p. 157.

retira-te para outro quarto, reza e, a seguir, volta para a tua cama. Não hesites, porém, em rezar: aquele que está unido pelo casamento não está manchado.

94 Na verdade, os que tomaram banho não têm necessidade de lavar-se novamente porque estão limpos[182]: faze o sinal da cruz com o sopro úmido, [5]recolhendo a saliva com a mão – e o teu corpo será purificado até os pés, pois o dom do Espírito* e a água do banho, [10]oferecidos por um coração puro como se viessem de uma fonte, purificam aquele que crê[183]. É, pois, necessário rezar nesse momento.

[15]Os antigos, que nos legaram a tradição*[184], ensinaram-nos que a essa hora toda criatura descansa por um momento [20]para louvar o Senhor: as estrelas, as árvores, as águas param um instante e toda a multidão dos anjos, servindo-o nessa hora, junto com as almas dos justos, [25]glorifica a Deus. Por essa razão, os que creem devem apressar-se a rezar nessa hora.

96 Dando ainda testemunho disso, assim diz o Senhor: Eis que, cerca da meia-noite, ouviu-se o clamor

---

182. Jo 13,10.

183. Este rito seria uma perpetuação do ato do Batismo: o sopro representa o Espírito (a palavra) e a saliva, a água do banho, elementos do Batismo. Cf. *Bíblia Sagrada*, versão portuguesa citada, Ef 5,25-27 nota; cf. Hanssens, op. cit., p. 158.

184. Tradição religiosa (Sb 18,14-15) e tradição poética (Vergílio, *Enn*. IV, 522-527). Cf. Hanssens, op. cit., p. 160.

dos que diziam: [5]Aí vem o esposo. Saí-lhe ao encontro. E conclui, dizendo: Vigiai portanto: pois não sabeis a que hora vem[185].

Reza, igualmente, levantando-te por volta do canto do galo, [10]pois nessa hora – ao cantar do galo – os filhos de Israel negaram o Cristo[186], que nós conhecemos pela fé, voltados para a esperança da eterna luz na ressurreição* dos mortos, [15]com os olhos fixos nesse dia.

[20]Assim, vós todos, fiéis, procedendo dessa forma, prezando a tradição*, instruindo-vos mutuamente e exortando os catecúmenos*, não podereis ser tentados, nem perecer, [25]pois tereis sempre o Cristo presente na lembrança.

O sinal da cruz[187]

98 Na tentação, procura sempre fazer, na fronte, piedosamente, o sinal da cruz, pois este é o sinal da Paixão* conhecido [5]e provado contra o demônio, se o fizerdes com fé – e não para te mostrares aos homens – opondo-o conscientemente, como se fosse um escudo: o adversário*, [10]ao ver quão grande é a força que vem do coração **100** e ao ver que o homem interior, que serve

---

185. Mt 25,6.13.
186. Na pessoa de Pedro: Mt 26,69-75.
187. Texto pouco claro. Lacuna de (L); tem-se (L[1]) e (L[2]), dependendo o primeiro do segundo, e S(AE); o comentador sugere que se restabeleça a partir da comparação entre (L[2]) e S(AE).

ao Verbo*[188], mostra o sinal interior do Verbo* formado no exterior, fugirá imediatamente, repelido pelo Espírito*[189] que há no homem.

[5]Isso é o que o Profeta Moisés representava por meio do cordeiro* morto na Páscoa* e ensinava ao aspergir o sangue no frontão e tingir os umbrais das portas[190]: simbolizava ele a fé, que agora se encontra em nós [10]– a fé no Cordeiro perfeito[191].

Ora, persignando-nos na fronte e nos olhos com a mão, afastamos tudo quanto tenta destruir-nos[192].

Epílogo[193]

102 Se estes ensinamentos forem recebidos com gratidão e fé ortodoxa, proporcionarão à Igreja a edificação e, aos que creem, a vida eterna[194].

[5]Aconselho a que sejam guardados por todos os que têm o coração puro. Se todos seguirem a Tradição* dos apóstolos* [10]– que ouviram – e souberem conservá-la,

---

188. No texto, S(AE), *homo interior que est rationalis* (λογικός, *logikós*).
189. Cf. *Bíblia Sagrada*, versão portuguesa citada, Zc 12,10 e 12,10 nota.
190. Ex 12,7.13.22.
191. Jo 19,36; 1Cor 5,7; Hb 9,12-14.24-26.28; 1Pd 1,19.
192. Mt 6,22-23; Lc 11,34.
193. Falta ainda aqui o texto (L). Cf. nota 187.
194. Rm 6,17-18.22-23.

nenhum herético – ninguém, absolutamente – [15]poderá afastar-vos do caminho reto. Na verdade, muitas heresias* desenvolveram-se porque os chefes não quiseram aprender a doutrina* dos apóstolos*, mas, seguindo a sua própria fantasia, fizeram o que quiseram – não o que deveriam fazer[195].

Se [20]omitimos algo, bem-amados, revelá-lo-á Deus aos que forem dignos[196], ao dirigir a Igreja para que chegue ao porto da paz[197].

---

195. Cf. nota 4.
196. Jo 6,45.
197. No texto, S(AE), *...ecclesiam quae digna est applicare portum quietis.* Cf. Ef 6,14-20.

Apêndice
Textos catequético-litúrgicos de São Justino

(morto por volta do ano 165)

Introdução

Maucyr Gibin, S.S.S.

1) A pessoa de Justino

Nasceu em Flávia Neápolis, cidade romana e pagã, construída na localidade da antiga Siquém, no coração da Galileia, bem perto do poço de Jacó.

Sedento da verdade, Justino perambulou pelos caminhos da filosofia, antes de achegar-se, como a samaritana, da fonte de água viva donde jorra a vida eterna.

Seu primeiro desencanto foi com um estoico. Em vez de encontrar um mestre, deparou com um repetidor que "nada sabia a respeito de Deus e nem reputava necessário tal conhecimento", nos afirma o próprio aluno.

Em seguida encantou-se com um peripatético. Aborreceu-se no dia em que este lhe exigiu pagamento das aulas para que "os encontros não fossem inúteis". Justino retirou-se atônito.

Confiou-se igualmente a um filósofo pitagórico, discípulo de Aristóteles. Este afirmava que os caminhos para a contemplação do belo e do bem eram a música, a geometria, a astronomia e as ciências. O discípulo ardia em desejo de alcançar o essencial. Julgou tais veredas demasiado sinuosas.

Na perplexidade, decidiu abrir-se com um platônico, "homem incomparável", cujo conhecimento pareceu satisfazer o jovem filósofo que afirmara: "Cada dia eu fazia novos progressos. A compreensão das coisas espirituais me cativava e a contemplação das ideias dava asas ao meu espírito. Em pouco tempo parecia-me ter-me tornado um sábio. No meu orgulho, tinha a convicção de chegar a ver Deus imediatamente. Tal era o objetivo da filosofia de Platão"[1].

---

1. *Diálogo*, 2: PG 6,477C.

Abandonou enfim este caminho, fascinado por Cristo: "Um fogo acendeu-se em minha alma. Fui invadido por um amor pelos profetas e por aqueles que haviam amado a Cristo. Refletindo sobre suas palavras, julguei que somente a filosofia era verdadeira e útil. Eis como e por que sou filósofo; gostaria que todos tivessem sentimentos iguais aos meus"[2].

Ao mesmo tempo Justino encontrou os cristãos. A força de ânimo destes os fazia dignos do mestre e suas vidas reduziam a zero as acusações que se lhes imputavam.

Passou a ser ele mesmo um mestre ambulante, defensor e pregador da fé cristã, anunciador de Jesus Cristo, de quem se dizia filósofo.

Veio para Roma onde fundou uma escola nos moldes das platônicas e estoicas que havia frequentado, mas seu ensinamento versava sobre a doutrina do evangelho. Com admirável pedagogia de perguntas e respostas, fez com que a mensagem de Cristo, "fogo ateado sobre a terra", lhe desse sempre a vitória. Seus adversários não o superavam nos debates. Somente Crescêncio, homem cínico, avarento e viciado, no dizer de Eusébio[3], tornou-se intratável e não ficou inocente na prisão de Justino.

---

2. *Diálogo*, 8: PG 6,492CD.
3. *Hist. Eccl.*, IV, 16,7-9; cf. *Apologia*, II, 3: PG 6,448A-449B.

Morreu mártir juntamente com seis companheiros, provavelmente em 165, sendo prefeito de Roma Júnio Rústico (163-167). Possuímos as atas de seu martírio, que revelam, em sobriedade jurídica, além de suas respostas às perguntas do inquisidor, a causa da condenação: delito de professar a fé cristã.

É um dos mais importantes apologistas gregos, colocado entre as mais nobres e atraentes personalidades da Antiguidade cristã. Sua alma transparente, leal, sincera e ardente se revela desde as primeiras linhas da Apologia[4].

Justino estabelece as relações íntimas existentes entre a vida intelectual e moral, entre filosofia e fé.

2) As obras

Eusébio nos assevera que a atividade literária de Justino foi admirável: "Justino nos legou numerosos escritos que testemunham seu espírito culto, cheio de zelo pelas coisas divinas e de grande utilidade"[5].

Infelizmente as vicissitudes da história fizeram dolorosa triagem e somente nos restam as duas *Apologias* e o *Diálogo com o Judeu Trifão*, além de alguns fragmentos. Até mesmo os *Discursos aos gregos*, a *Refutação*, o

---

4. A. Puech, *Les apologies grecques du deuxième siècle,* Paris 1912, p. 52-53.
5. *Hist. Eccl.*, IV, 18,1.

120

tratado *Sobre a soberania de Deus, Sobre a alma, Sobre o salmista*, e o escrito *Contra Marcião*, citados por Eusébio, desapareceram.

Certamente o valor de seu testemunho é superior ao da *Didaqué*, pois o autor é bem conhecido.

A *Apologia I*, a mais importante, visa refutar as acusações caluniosas lançadas contra os cristãos, cujas vidas edificaram Justino. Expõe também o cristianismo em sua doutrina, moral e culto.

Dedica a obra, de modo pomposo e cheio de audácia, ao Imperador Antonino Pio, ao filósofo Veríssimo, a Lúcio e Pio, respectivamente filhos natural e adotivo de César, ao Senado e ao povo romano. De modo provocante declara sua intenção dizendo: "Em favor dos homens de todas as nações que injustamente são odiados e perseguidos. Eu, um destes, Justino..."

Franqueza e loucura heroicas, pois bem sabia que ser assinalado com o nome de cristão era crime. Mesmo assim proclama sua fé e declara seu nome.

Nesta Apologia há passagens hoje caducas, como a prova de que os cristãos não são antropófagos. Há, porém, outros elementos de suma atualidade para a edificação e aprofundamento de nossa fé.

A *Apologia II* parece mais um suplemento da primeira do que uma obra. De fato, partindo de um acontecimento, que é a execução, pelo prefeito romano L. Urbico, de três fiéis cujo único crime era serem cristãos, Justino faz apelo para uma justiça melhor informada e menos arbitrária, pedindo às autoridades que cessem as perseguições.

Comentário

1) Iniciação cristã

No correr da *Apologia I*, Justino se crê no dever de falar sobre a Iniciação. Aborda a preparação dos neófitos para o batismo, dizendo sobretudo a importância que tem o ensino positivo sobre a fé e expondo as exigências morais da mensagem cristã. Denuncia os pecados, apresentando-os como um contrassenso na vida dos que foram purificados pelas águas do batismo.

Afirma que o batismo se chama "iluminação" porque, assim instruídos, os cristãos têm o espírito iluminado pela sabedoria de Deus.

Antes da regeneração os neófitos devem dedicar-se à oração e se preparar pelo jejum. A respeito do jejum pré-batismal, retoma o tema comum da patrística[6].

---

6. Cf. texto interpolado na "Instrução dos Apóstolos", *Didaqué*, 7,4, Petrópolis, Vozes, 1970.

Em seguida vem a descrição sucinta do ritual do batismo.

2) A celebração eucarística

Os três capítulos da *Apologia I* sobre a iniciação eucarística são de grande importância para a liturgia. Trata-se, com efeito, da primeira descrição minuciosa que possuímos a respeito da celebração eucarística e feita por pessoa de rara erudição. O texto é perpassado de uma densidade dogmática que influenciou todo o tratado da Eucaristia no correr dos séculos.

A reunião eucarística da Igreja é obediência ao mandamento de Cristo; dela só participam os batizados cujas vidas se conformam aos ensinamentos evangélicos. Não se trata de um alimento qualquer. O pão e o vinho misturados com água e consagrados pelo presidente da assembleia eclesial, diz Justino, são o "corpo e o sangue daquele Jesus que se fez carne". Isto indica que ele não atribui um sentido simbólico à Eucaristia, nem mesmo diante das acusações de antropofagia que eram feitas aos cristãos. Mesmo dirigindo-se aos acusadores, reafirma o realismo da presença de Cristo que se fizera homem, dando-se por livre-vontade e com poder em alimento.

A palavra "*Verbum*" (λόγος) se reveste de diversos matizes para Justino: na Encarnação, o *Verbum*, pela força divina, realiza a vinda de Deus, irmanando-o à humanidade; na oração consecratória – *Verbum* da oração – empresta a eficácia e o poder do próprio Cristo, fazendo com que realizem de fato o que significam. Pelo *Verbum* o pão se torna carne. Comparação difícil e sutil.

A tal ponto Justino leva esse realismo, que não teme usar o verbo intransitivo (*eucharistein* – ευχαριστειν = dar graças) em forma passiva: "pão eucaristizado – alimento feito ação de graças".

Outra ideia-chave deste texto é tomada da expressão "para nossa salvação". Justino leva ao extremo o realismo e afirma que a carne e o sangue de Cristo é que trazem à nossa carne o poder de imortalidade e operam a transformação de nossos corpos. Para ele, a força da Eucaristia é que faz nossos corpos ressuscitarem[7].

É também reafirmada a exigência da Eucaristia como fonte do amor dos irmãos. Ela leva à prática da caridade desinteressada e constitui o fundamento da unidade da Igreja.

---

7. Essa ideia já é expressa por Inácio na Carta aos Efésios. Cf. *Cartas de Santo Inácio de Antioquia*, trad. de D. Paulo Evaristo Arns, Vozes, 1970, p. 31 (comentário) e p. 48, n. 20. O mesmo pensamento voltará muitas vezes na patrística, por exemplo em Ireneu, *Contra as heresias*, Livro 4, c. 18, n. 4s. e Livro 5, c. 2, n. 2s.

– A missa, já no tempo de Justino, compreende a Leitura da Palavra de Deus, a Homilia, a Oração comunitária e a Eucaristia. A comunidade eclesial de Justino tem os mesmos fundamentos da comunidade dos Atos, isto é, "ela se edifica na doutrina dos apóstolos e na fração do pão" (At 2,42).

– Em Justino, como nas *Catequeses mistagógicas* de Cirilo de Jerusalém e nas *Constituições apostólicas*, o beijo da paz precede a oração eucarística. Na liturgia romana, ao invés, ele se situa após a anáfora, na conclusão do Pai-nosso. Como diz Tertuliano, o "beijo da paz é o selo da oração"[8].

Ao que parece, a tradição romana é mais recente do que o costume das liturgias orientais.

– Justino traz um elemento muito importante e de grande atualidade litúrgica: em vez de fornecer um texto formulado para a anáfora, nos dá indicações de um esquema, marcando bem claramente o conteúdo essencial de toda oração eucarística. Estes mesmos marcos aparecem um pouco mais elaborados em Hipólito.

---

8. Cf. *Catequeses mistagógicas*, 5,3: PG 33,1112A; *Tradição apostólica*, 10; Tertuliano, *De Oratione*, 18: PL 1, 1176A-1177A.

– A *liturgia do dia do Senhor* não se reduz à liturgia eucarística. Trata-se de uma reunião da comunidade, onde a troca de bens e a distribuição para os necessitados são essenciais ao que parece. É uma ação de graças bem mais ampla e significativa, incluindo todos os benefícios da semana. A Eucaristia é a solene manifestação de fé e o culto perfeito, oferecido por todos os que se acham reunidos, vindos de todos os lugares vizinhos, vilas e roças.

Diálogo com o judeu Trifão

1) Introdução

É a primeira apologia cristã contra o judaísmo. Nela Justino rebate as críticas levantadas pela comunidade judaica. Esta obra dá testemunho do confronto que se manifestou nos meados do século II entre o pensamento judaico, paralisado por velhas tradições que pesavam, e a juventude do cristianismo consciente e certo de seu dinamismo.

Trifão (Tryphon ou talvez o tal Tarphon) ensinara em Lydda. Conforme nos atesta Eusébio, é "o mais célebre hebreu do seu tempo". Dele faz menção a *Mishna*[9].

---

9. *Hist. Eccl.*, IV, 18,6; *Mishna* é a coleção das leis transmitidas outrora oralmente e que se tornou, a partir do século II, o

Certa feita, Justino, passeando despreocupadamente, deparou-se com um sábio Rabino e entabulara uma conversa. Essa se transformou em ardente discussão que durou – segundo afirma – dois dias.

Dando um relatório quase estenografado desse debate, Justino se esmera em situar a religião cristã face ao judaísmo, então decadente, segundo ele.

2) Conteúdo

– A primeira parte declara a lei de Moisés suplantada e ab-rogada pela de Cristo, o Messias prometido. Detém-se particularmente no tema do "Sacrifício". Faz aplicações da profecia de Malaquias, tornando evidente que a Instituição da ceia de Cristo, como sacrifício puro, aboliu todos os demais sacrifícios. Usa o termo técnico empregado para as oblações em Israel. É a expressão mais clara da Antiguidade que possuímos a respeito do aspecto sacrifical da Eucaristia.

– A segunda parte apresenta Cristo como Deus-homem e Redentor. Aplica à Eucaristia o texto de Isaías (33,16). A expressão τὸν ἄρτον ποιειν (fazer o pão), no contexto dos outros capítulos do "Diálogo",

---

resultado da atividade jurídica dos mestres judeus. Serviu grandemente à elaboração dos *Talmuds* de Babilônia e de Jerusalém, constituindo-lhes o núcleo.

equivale a "oferecer o pão em sacrifício" ou "oferecer o sacrifício no pão".

Assim o entenderam outros Padres da Igreja primitiva e o próprio Justino dá esta interpretação nos capítulos em que trata da Eucaristia como sacrifício. Querendo colocar em destaque a dimensão espiritual do sacrifício dos cristãos, ele fala que estes "receberam por tradição fazer tão somente estes sacrifícios" (orações e ações de graças). Isso em contraposição à materialidade dos sacrifícios dos judeus que supervalorizavam as qualidades das vítimas. Para Justino, o pão e o vinho são matéria do sacrifício, não a vítima. Esta é o Cristo, na sua carne e sangue, que os cristãos apresentam a Deus na "comemoração que fazem com o alimento seco e líquido".

– A terceira parte mostra a Igreja de Cristo como o verdadeiro Israel das promessas. Citando Malaquias, insiste na ideia de que a Eucaristia é o verdadeiro ato sacrifical profetizado, agora oferecido pelos cristãos, "a verdadeira raça sacerdotal de Deus...", graças ao "sacerdote" Jesus Cristo que "acreditou na palavra de Deus e isto lhe valeu como justiça" (Gn 15,6; Rm 4,3).

TEXTO

Tradução de
Frei Alberto Beckhäuser, OFM

Apologia I[1]

O Batismo

61 Exporemos, agora, de que modo, depois de renovados por Cristo, nos consagramos a Deus[2], para que não aconteça que, omitindo este ponto, demos a impressão de estarmos procedendo maliciosamente em algo na exposição[3]. [2]Todos quantos se tiverem persuadido e crerem que são verdadeiras as coisas que ensinamos e dissemos, e prometerem poder viver segundo elas, são antes de tudo instruídos a rezar e, através de jejuns, a pedir perdão a Deus de seus pecados anteriormente

---

1. Para a nossa tradução usamos o texto grego publicado em *Florilegium Patristicum*, II[2], *S. Iustini Apologiae duae*. Com tradução latina e notas de G. Rauschen, Bonn 1911, p. 98-110. O texto original com tradução espanhola pode ser encontrado também em BAC, n. 116, *Padres Apologistas Griegos*. Introducciones, texto griego, versión española y notas de D.R. Bueno, do qual aproveitamos os títulos. Cf. tb. PG 6,327-440, 471-800.
2. Segue daí que esta consagração se faz pelo Batismo e a Eucaristia. Por estes ritos os cristãos são iniciados nos mistérios.
3. Desta observação pode-se depreender que já no tempo de São Justino a disciplina do arcano, isto é, do segredo sobre os Sacramentos de Iniciação, era vigente na Igreja.

cometidos; e nós rezamos e jejuamos com eles[4]. [3]Em seguida, são conduzidos por nós aonde houver água, e pelo mesmo modo de regeneração com que nós mesmos fomos regenerados, também eles são regenerados: pois, uma vez na água, eles tomam o banho em nome do Pai de todas as coisas, e Senhor Deus todo-poderoso, e de nosso Salvador Jesus Cristo e do Espírito Santo. [4]Pois Cristo disse: "Se não renascerdes, não entrareis no Reino dos Céus"[5]. [5]Ora, que é impossível aos que nasceram uma vez entrar de novo no ventre materno, é evidente para todos. [6]Também pelo Profeta Isaías [...] foi dito como são perdoados os pecados daqueles que, tendo pecado, fazem penitência. [7]Eis as suas palavras: "Lavai-vos, tornai-vos limpos, lançai para fora de vossas almas as maldades, aprendei a fazer o bem, sede justos para com o órfão, defendei a viúva, vinde e conversemos, diz o Senhor. E se vossos pecados forem como a púrpura, torná-los-ei brancos como a neve. [8]Mas se não me escutardes, a espada vos devorará, porque a boca do Senhor falou estas coisas"[6].

[9]Sobre esta questão recebemos também dos apóstolos este ensinamento: [10]Visto que não tivemos consciência

---

4. Que o jejum era uma das formas de preparação para o Batismo já constatamos em *Didaqué*, 7,4.
5. Jo 3,3.4.
6. Is 1,16-20.

do nosso primeiro nascimento, gerados que fomos por necessidade de um germe úmido pela mútua união de nossos pais[7], e crescemos em meio de costumes depravados e em conduta perversa, assim, para que não permaneçamos filhos da necessidade, nem da ignorância, mas da eleição e do conhecimento, e alcancemos a remissão dos pecados que anteriormente tivermos cometido, pronuncia-se na água sobre aquele que decidiu regenerar-se e fez penitência de seus pecados, o nome do Pai de todas as coisas e Senhor Deus todo-poderoso, denominando-o precisamente assim o que conduz ao banho aquele que vai ser lavado. [11]Porquanto ninguém é capaz de impor nome ao Deus inefável; e se alguém contudo se atreve-se a dizer que existe[8], estaria tomado de uma detestável loucura. [12]Ora, este banho se chama iluminação[9], pois os que aprendem estas coisas são iluminados em sua mente. [13]E o iluminado se lava também em nome de Jesus Cristo, que foi crucificado sob Pôncio Pilatos, e em nome do Espírito Santo, que pelos profetas prenunciou todas as coisas que dizem respeito a Jesus.

---

7. O autor naturalmente depende do conceito de genética de seu tempo.
8. Subentende-se: *um nome*.
9. Em grego: φωτισμός. O mesmo termo para o Batismo encontra-se em Clemente de Alexandria, *Paidagogós*, I, 6,26. Daí os batizados serem chamados *footismoi*, ou seja, *iluminados*.

Fraternidade e Eucaristia

65 Nós, porém, depois de assim lavado, conduzimos o que creu e se agregou a nós, para junto dos que se chamam irmãos, onde eles estão reunidos, a fim de elevarmos fervorosamente orações comuns[10] por nós mesmos, por aquele que foi iluminado, e por todos os outros espalhados por toda parte, para que, tendo conhecido a verdade, sendo bons pela prática de boas obras e encontrados fiéis no cumprimento dos mandamentos, sejamos dignos de obter a salvação eterna. [2]Terminadas as orações, saudamo-nos uns aos outros com o ósculo[11]. [3]Em seguida, se apresentam ao que preside os irmãos pão e um cálice de água e vinho misturados. Recebendo-os, ele eleva um hino de louvor e glória ao Pai de todas as coisas, pelo nome do Filho e do Espírito Santo. Pronuncia uma longa Eucaristia[12] por Ele se ter dignado de conceder-nos estas coisas. Tendo terminado as preces

10. Pelo Batismo a pessoa é introduzida na comunidade orante dos fiéis.

11. Na Igreja primitiva era normal a saudação da paz após a Liturgia da Palavra como uma resposta à Palavra de Deus que se manifesta no amor fraterno. Desta forma se podia realizar então a união em Cristo, e por Cristo pela Liturgia Eucarística.

12. Prefiro manter o termo *eucaristia* que pode ser traduzido por ação de graças, mas no seu sentido mais amplo de louvor, agradecimento e profissão de fé, como era entendido primitivamente. Por Eucaristia aqui se entende um gênero de oração.

e a Eucaristia, todo o povo presente aclama, dizendo: Amém. [4]Pois o Amém, na língua hebraica, significa: Assim seja. [5]Uma vez que o que preside terminou a Eucaristia e todo o povo tiver aderido com a aclamação, os que entre nós são chamados diáconos dão a cada um dos presentes parte do pão, do vinho e da água eucaristizados[13], que eles levam também para os ausentes.

66 Este alimento se chama entre nós Eucaristia[14]; a nenhum outro é lícito dele participar senão ao que crê ser verdadeiro o que foi ensinado por nós e se tenha lavado no banho para o perdão dos pecados e a regeneração e viva como Cristo nos ensinou. [2]Pois nós não tomamos estas coisas como se fosse pão comum, ou bebida ordinária, mas, assim como Jesus Cristo nosso Salvador, feito carne pela força do verbo de Deus, assumiu carne e sangue para a nossa salvação, assim também nos foi ensinado que, em virtude da prece do verbo pelo qual foi eucaristizado, o alimento – de que, por uma transformação, se nutrem nosso sangue e nossa carne – é a carne e o sangue daquele mesmo Jesus que

---

13. Sobre os quais se proferiu a ação de graças.

14. Como vemos, *eucaristia* já indica tanto a oração de ação de graças proferida sobre o pão e o vinho, como o pão e o vinho sobre os quais se proferiu a oração eucarística, ou seja, o Corpo e o Sangue de Cristo. Cf. *Didaqué* 9,5.

se encarnou[15]. [3]Os apóstolos nos comentários escritos por eles, chamados evangelhos, realmente transmitiram que assim lhes foi ordenado: que Jesus, tendo tomado o pão, e dando graças, disse: "Fazei isto em memória de mim, isto é o meu corpo"; e igualmente, tendo tomado o cálice e dado graças, disse: "Isto é o meu sangue"[16] e que o repartiu somente a eles [...].

Liturgia dominical

67 Nós, depois disso[17], recordamos constantemente para o futuro entre nós estas coisas; e os que possuímos bens socorremos todos os necessitados e sempre estamos unidos uns com os outros. [2]Por tudo quanto comemos louvamos o Criador de todas as coisas, por meio de seu Filho Jesus Cristo e pelo Espírito Santo. [3]E no dia chamado do Sol[18], realiza-se uma reunião num

15. Aqui vemos claramente expressa a doutrina da presença real de Cristo na Eucaristia.
16. Cf. Mt 26,26-28; Mc 14,22-24; Lc 22,19-20; 1Cor 11,24-25. São Justino transmite de modo muito próprio o mandato do Senhor. Talvez tenha tido em mãos alguma tradição diversa das que constam na Sagrada Escritura.
17. Isto é, depois de terem recebido o Batismo e a Eucaristia; depois de serem iniciados.
18. São Justino usa esta designação pagã para o primeiro dia da semana, para ser entendido pelos pagãos a quem dirigia sua apologia. Os cristãos chamaram este dia de *Domingo*, ou seja, *Dia do Senhor*. Cf. Ap 1,10; *Didaqué* 14,1.

mesmo lugar de todos os que habitam nas cidades ou nos campos. Leem-se os comentários dos apóstolos ou os escritos dos profetas, enquanto o tempo o permitir. [4]Em seguida, quando o leitor tiver terminado a leitura, o que preside, tomando a palavra, admoesta e exorta a imitar estas coisas sublimes.

[5]Depois nos levantamos todos juntos e recitamos orações; e como já dissemos, ao terminarmos a oração, são trazidos pão, vinho e água e o que preside, na medida de seu poder[19], eleva orações e igualmente ações de graças e o povo aclama, dizendo o Amém. Então vem a distribuição e a recepção, por parte de cada qual, dos alimentos eucaristizados e o seu envio aos ausentes através dos diáconos.

[6]Os que possuem bens e quiserem, cada qual segundo sua livre determinação, dão o que lhes parecer, sendo colocado à disposição do que preside o que foi recolhido. Ele, por sua vez, socorre órfãos e viúvas, os

---

19. *Na medida de seu poder*. A explicação desta frase é discutida. Pode referir-se ao poder sacramental que o presidente devia possuir para consagrar o pão e o vinho. Cf. J. Beran, *Quo sensu intellegenda sint verba Sancti Iustini Martyris* ὅση δύναμις αὐτω *in I Apologia*, n. 67: *Div. Thom.* 13 (1936) 46-55. Mas pode significar também *segundo suas capacidades*, segundo aparece na *Tradição apostólica de Hipólito* 28,19-20, p. 45. Devemos ter em mente que nos primeiros séculos as orações eucarísticas podiam ser improvisadas pelo presidente, segundo sua capacidade, contanto que, conforme Hipólito, permanecesse na ortodoxia.

que por enfermidades ou outro qualquer motivo se encontram abandonados, os que se encontram em prisões, os forasteiros de passagem; em uma palavra, ele se torna provedor de quantos padecem necessidade.

[7]Fazemos a reunião todos juntos no dia do Sol, porque é o primeiro dia em que Deus, transformando as trevas e a matéria, fez o cosmos, e Jesus Cristo, nosso Salvador no mesmo dia ressuscitou de entre os mortos, pois na véspera do dia de Saturno[20] o crucificaram, e um dia depois do de Saturno, que é o dia do Sol[21], tendo aparecido aos seus apóstolos e discípulos, ensinou-lhes precisamente o que propusemos também à vossa consideração.

Diálogo com o judeu Trifão

A Eucaristia como sacrifício

41 Eu dizia, senhores, que também a oblação de flor de farinha que, conforme a tradição, é oferecida

20. Saturno, deus dos romanos, foi identificado com o deus Kronos dos gregos. No mundo greco-romano um dia da semana recebeu seu nome. Tornou-se o sétimo dia da semana depois que o primeiro dia começou a ser chamado o dia do Sol. Coincide, portanto, com o sábado judeu. Cf. Pauly-Wissowa, *Hebdomas*, 2527-2578.
21. Portanto, num domingo, sendo crucificado, segundo Justino, numa sexta-feira.

pelos que são purificados da lepra[22], era figura do pão da ação de graças em relação ao qual Jesus Cristo Nosso Senhor mandou fazer em memória da paixão que Ele sofreu pelos que são purificados nas almas de toda maldade dos homens, para que rendêssemos graças a Deus por ter criado o universo com todas as coisas que nele existem através do homem e, ao mesmo tempo, por nos ter libertado do mal em que nascemos, e ter destruído fatalmente os principados e as potestades, através daquele que, segundo a sua vontade, nasceu passível[23]. [2]É daí que, como falei anteriormente, diz Deus através de Malaquias, um dos doze, sobre os sacrifícios então por vós oferecidos: "Minha vontade não está em vós, diz o Senhor, e não aceitarei de vossas mãos os vossos sacrifícios; porque do nascer ao pôr do sol o meu nome é glorificado entre os gentios e em todo lugar se oferecem ao meu nome incenso e um sacrifício puro, pois grande é o meu nome entre os gentios, diz o Senhor: vós porém o profanais"[24]. [3]Já então, ele profetiza sobre os sacrifícios a Ele oferecidos em todo lugar por nós gentios, isto é, do

---

22. Cf. Lv 14,10. Os que se purificam após serem curados da lepra.
23. Já para Justino o objeto da Eucaristia era essencialmente a primeira criação, continuada no mundo através do homem, e a nova criação, ou seja, a redenção. Tudo isto vem simbolizado no pão e no vinho: eles lembram a criação de Deus pelo Verbo, a indústria do homem e a ação libertadora de Cristo.
24. Cf. Ml 1,10-12.

pão da ação de graças como também do cálice da ação de graças[25], dizendo que nós glorificaremos o seu nome, vós, porém, o profanais [...].

70 (*Justino acaba de citar Isaías 33,13-19, onde ocorre a seguinte frase*: "pão lhe será dado e água lhe estará assegurada" [v. 16]).

[4]Pois bem, é manifesto que também nesta profecia sobre o pão se trata do pão em relação ao qual o nosso Cristo nos mandou fazer em memória de se ter feito homem pelos que creem nele, pelos quais também se tornou passível, e se trata também do cálice em relação ao qual mandou fazer com ação de graças em memória do seu sangue [...][26].

116 Mas para vos transmitir o ensinamento sobre a revelação de Jesus Cristo, o Senhor, retomo a palavra[27] e afirmo que aquela revelação se realizou entre nós que

---

25. A tradução poderia ser: os sacrifícios do pão da Eucaristia como também do cálice da Eucaristia: τῆς εὐχαριστίας. Preferimos, porém, manter a locução: ação de graças. Note-se que o objeto da ação de graças é o pão e o cálice que adquirem um significado especial. Cf. nota 23.
26. "Mandou fazer" lembra as palavras de Cristo: "Fazei isto em memória de mim" (Lc 22,19). Significaria que Cristo mandou render graças sobre o pão e o vinho em sua memória. Contudo, a palavra fazer traz também a conotação de fazer o pão. Neste caso, a Eucaristia seria um fazer o pão e o vinho – linha criativa da eucaristia através do homem que completa a criação divina – em memória de Cristo. Cf. n. 41; 117,1.3 e nota 34.
27. (do profeta).

cremos em Cristo, este Sumo Sacerdote, o crucificado. Nós que vivíamos em fornicação e, para dizer numa palavra, em toda ação sórdida, pela graça que nos veio do nosso Jesus por vontade de seu Pai, nos despojamos de todas as impurezas com as quais estávamos vestidos. E o diabo se lança sempre contra nós como adversário, querendo arrastar a todos para si; e o enviado de Deus, isto é, a força de Deus enviada a nós por Jesus Cristo, o exproba e ele se afasta de nós. [2]Fomos como que tirados do fogo, primeiro purificados dos nossos pecados passados e depois libertados da tribulação e da fogueira que acendem para nós o diabo e todos os seus ministros. Também das mãos dele nos arranca de novo Jesus, o Filho de Deus. Foi-nos prometido que nós nos revestiremos das vestes que Ele tem preparadas, se observarmos os seus mandamentos, e nos foi anunciado que conheceremos de antemão um reino eterno. [3]Pois da maneira como aquele Jesus, chamado sacerdote pelo profeta[28], apareceu trazendo vestes imundas, por ter tomado, como se diz, uma prostituta como mulher, e logo foi chamado tição tirado do fogo por ter recebido perdão dos seus pecados, e por ter sido exprobado o diabo que se lhe opunha, assim nós, que pelo nome de Jesus como um só homem cremos em Deus, Criador de todas as coisas,

---

28. Cf. Zc 3,1.3. O profeta fala de Jehosua ou Josué, o sumo sacerdote, e Zorobabel.

tendo-nos despojado pelo nome de seu Filho primogênito das vestes imundas, isto é, dos pecados, pela palavra do seu chamamento, somos a verdadeira raça sacerdotal de Deus[29], como atesta o próprio Deus, dizendo haver em todo lugar entre os gentios quem lhe oferece sacrifícios agradáveis e puros[30]. Ora, Deus não aceita sacrifícios de ninguém, a não ser através dos seus sacerdotes.

117 [1]Portanto, já de antemão Deus atesta que através deste nome lhe são fundamentalmente agradáveis todos os sacrifícios que Jesus Cristo mandou que se fizessem, a saber, na ação de graças do pão e do cálice[31], realizados em todos os lugares da terra pelos cristãos; ao passo que repele os sacrifícios feitos por vós, os realizados por aqueles vossos sacerdotes, dizendo: "E vossos sacrifícios não os receberei das vossas mãos; pois do levantar ao pôr do sol meu nome é glorificado, diz Ele, entre os gentios, ao passo que vós o profanais"[32]. [2]E até agora, procurando rivalidades, dizeis que Deus não aceita os sacrifícios oferecidos em Jerusalém pelos chamados israelitas que então aí habitavam, mas por outro lado dizeis que Ele teria dito que as orações feitas pelos homens daquela linhagem que se encontravam na

---

29. No grego lemos: raça de sumos sacerdotes de Deus. Pelo Batismo fazemos parte do povo sacerdotal.
30. Cf. Ml 1,11.
31. Cf. nota 26.
32. Cf. Ml 1,10-12.

dispersão chegavam até Ele e que Ele chama de sacrifícios as suas orações. Ora, que as orações e as ações de graças feitas pelos justos são os únicos sacrifícios perfeitos e agradáveis a Deus também eu o afirmo. [3]Pois somente estes também os cristãos os receberam para fazer, e isto, em comemoração do seu alimento seco e líquido[33], no qual[34] eles recordam a paixão que por eles sofreu o Filho de Deus.

---

33. Isto é: o pão e o vinho misturado com água. Parece que para Justino o principal da "matéria do sacrifício" eram a comida e a bebida: o sólido e o líquido. Sabemos que nos primeiros séculos havia quem celebrava a Eucaristia com pão e água. Eram os chamados aquaristas. Cf. São Cipriano, *Epistola* 63.

34. ἐν ᾗ pode referir-se a τροφῆς ou a ἀναμνήσει. Traduzindo por *na* qual, se diz que na ação de graças se recorda a paixão de Cristo. Preferimos traduzir por *no* qual, isto é, no alimento do pão e do vinho em que os cristãos comemoram a paixão de Cristo. Parece mais conforme à teologia eucarística de Justino. Cf. notas 26 e 23.

Índice escriturístico[*]

Antigo Testamento

Gênesis
1,26-27: 2,7
2,23-24: 34,5; 38,7
8,20-21: 10,7
12,1-3: 6,19
14,18: 26,14
29,13-14: 10,15
45,14-15: 10,15
48,9.14-20: 4,17
48,10: 10,15

Êxodo
3,8.17: 56,4
3,14: 66,7
4,27: 10,15
12: 90,7
12,7.13.22: 100,8
25,30: 90,5
30,22ss.: 18,12

Levítico
8,12: 18,10
9,22: 4,17
21,7: 34,5; 38,7

---

[*] Em relação à estruturação numérica, cf. página 60, subtítulo "números".

21,8: 90,5
24,5-9: 90,5

Números
9,12: 90,7
11,17-25: 20,19
15: 10,7
27,18.23: 4,17

Deuteronômio
23,2: 36,14
26,2-4: 74,12

Juízes
6,13: 4,17

1Samuel
21,4-5: 90,5

1Reis
19,20: 10,5

Neemias
10,34: 90,7

Salmos
33,6: 12,20
33,6-9: 26,3; 66,7; 76,4
51,14: 8,6
110,4: 26,14
112,5-6: 6,14

Sabedoria
9,1: 12,20; 26,3; 66,7; 76,4
18,14-15: 94,15

Isaías
7,14: 12,23
7,15: 56,5
9,8: 26,5; 12,9
11,2-3: 8,6
42,1-4.8: 8,4
48: 8,4

Ezequiel
20,40-41: 10,7

Daniel
13,42: 6,15

Zacarias
12,10: 100,4

Novo Testamento

Mateus
1,18-23: 14,4; 48,24
5,13: 70,6
6,22-23: 100,14
12,4: 90,5
15,24: 90,8
18,18: 10,5
19,3-9: 34,5; 38,7
25,6.13: 96,8
26,26: 14,19
26,27-28: 16,3
26,39.42: 14,5
26,63-64: 48,22
26,69-75: 96,12
27,11-26: 48,25
27,45-51: 90,14
27,50: 48,25
27,51: 90,12
27,60: 28,26
28,1-6: 48,27

Marcos
14,22: 14,19
14,24: 16,3
14,27: 90,8
15,25: 90,3
16,19: 50,2

Lucas
11,34: 100,14
22,19: 14,19
22,20: 16,3
24,51: 50,1

João
1,1-4.10: 12,20; 26,3; 66,7
6,45: 88,6; 102,21
10.11.14-16.26-28: 90,8
13,10: 94,3
19,34: 92,4
19,36: 90,7; 100,10
20,22: 8,9
20,23: 8,25
21,15ss.: 90,8

Atos dos Apóstolos

2,43: 2,3

8,15-17: 4,17

10,11ss.: 44,13

10,44: 44,13

11,14: 44,13

1 Tessalonicenses

5,26: 10,15; 40,5

1 Coríntios

5,7: 90,7; 100,10

8,6: 12,20; 26,3; 66,7

11,24-25: 16,5

11,27ss.: 84,20

12,1.4-11: 2,3

14,12: 72,22

16,20: 10,15; 40,5

2 Coríntios

1,3-7: 6,12

5,21: 14,11

13,12: 10,15; 40,5

Gálatas

3,13-14: 14,11

5,2-6: 36,14

Romanos

6,17-18.22-23: 102,4

8,29: 2,7

12,6-7: 2,3

16,16: 10,15; 40,5

Colossenses

1,15-17: 12,20; 26,3; 66,7

2,7: 58,12

3,10: 2,7

Efésios

1,18: 14,14

4,7-8: 2,3

5,2: 10,7

5,22-23: 34,5; 38,7

5,25-27: 94,13

6,14-20: 102,22

1 Timóteo

2,5-6: 12,19

3,1-2.14-15: 4,9-10

3,8-13: 26,17

5,9: 74,2

5,11-14: 30,5

Hebreus

1,2-10: 12,20; 26,3; 66,7

7: 26,14

9,12-14.24-26.28: 90,7; 100,10

12,25-28: 88,8

13,4: 34,5; 38,7

13,20: 90,8

1 Pedro

1,19: 90,7; 100,10

4,10-11: 2,3

5,14: 10,15

2 Pedro

3,18: 10,11

Apocalipse

2,17: 58,20

6,8: 14,13

Índice analítico[*]

Abraão: 6,18

Adversário, v. Demônio

Água: 42,12-13; 44,8.11; 46,3.15; 48,3; 56,10.25; 78,26; 88,2; 92,4.15; 94,1-2.8.21

Alienus, v. Demônio

Alleluia, 66,2.5-6

Alma: 56,12; 90,16; 94,24

Anáfora: 10,18 a 16,25; 54,14 a 56,8. V. Hanssens, *op. cit.,* p. 426

Anamnese: 16,6-11

Anciãos (*presbyteri*): 20,17

Anjos: 94,22-23

Antepassados (antigos) (*patres, ueteri, seniores*): 56,3; 90,4; 94,17

Antitypum, v. Representação

Apophoretum: 70,9

Apóstolos: 8,9; 10,5; 102,12.18

Apresentação dos catecúmenos: 32,8s.; 42,1s.

Árvore: 18,17; 94,21. V. Lenho

Atos de louvor, v. Glória, Graças

---

[*] Em relação à estruturação numérica, cf. página 60, subtítulo "números".

Azeite: 18,1.13. V. Óleo

Azeitonas: 18,14-16; 78,3

Banho da regeneração: 52,5-6; 94,1. V. Batismo; v. também *gloss.* art. Batismo

Baptizandi ("os que receberão o Batismo"): 42,12.15.17; 44,3.11-13; 46,10; 48,3.16; 50,4.9

Batismo, Batizar: 42,1.8.15.17; 44,11.14; 46,3.16; 48,4.20; 50,4.10; 56,11; 58,13

Batismo de sangue: 40,15

Bênção, Abençoar: 18,8.14.19; 66,8; 74,13; 78,1; 84,13; 90,1. V. Imposição das mãos

Benedictio ("pão bento"): 66,12; 72,10.15. V. *Eulogia*

Bispo: 4,10.15; 6,4.7; 10,14.15; 20,3.7; 22,3.16.18.21; 24,3.7.8; 28,5.14; 30,14; 42,8.18-21; 44,1; 46,3.15; 52,1.15; 54,1-5.15; 56,15-19; 58,16; 60,1-2.11.18-25; 64,1-15; 66,4.8.11-12; 70,19-21; 72,1-5; 74,12; 76,16; 80,12.15.17; 86,2.10

Cálice: 16,1.8; 54,19; 56,22; 58,2; 60,7; 66,1.4.8; 68,2.7; 84,11

Canto do galo, v. Horas

Caridade, doçura: 18,15.16

Carne, v. Cristo

Casa de Deus, v. Santuário

Casamento: 34,5; 38,7

Catecúmeno: 36,12; 38,11; 40,2.4.10.13; 42,3; 68,5.8; 72,11; 96,22

Catequese, Catequizar, v. Instrução

Catequista, v. *Doctor*

Ceia, Cear: 62,6; 64,16; 66,10; 68,10.16; 70,9.16; 72,5

Ceia das viúvas: 74,1-8

Ceia do Senhor (*cena dominica*): 68,8

Cemitério: 86,7-8.10.11

Céu: 6,12; 12,23; 50,1; 90,9

Charisma (dom): 2,1-5; 32,5

Chefes: 4,8; 6,19; 102,16-17

Clérigos, Clero: 24,2.17; 30,10; 40,11. V. Diáconos, Subdiáconos

Comunhão, Comungar, v. Eucaristia

Concubinas, v. Mulheres

Confessores, v. Eleição

Confiança, Confiar, v. Fé

Consagração episcopal: 6,9-20 a 10,1-13

Conselho: 20,12; 24,1

Consolação, Consolo: 6,12; 82,9

Coração: 6,2; 8,14; 10,6; 20,14; 22,5; 56,8; 90,3; 94,10. V. *Sursum corda*, Homem interior

Cordeiro: 90,7; 100,5.8

Corpo: 56,13; 92,11; 94,6. V. Cristo

Credo: 48,6 a 50,9

Crença, Crer, v. Fé

Crentes: 84,6. V. Fiéis

Criação: 26,2; 66,7; 76,12; 90,13. V. Terra

Crianças, Meninos: 34,14; 44,12; 56,6; 64,16

Criatura: 94,18

Crisma: 50,11.15; 52,1.18

Cristo: 56,5; 66,15 (Carne); 14,18; 54,18; 84,5; 90,6 (Corpo); 48,24; 90,3.11; 92,3 (Crucifixão); 14,1 (Nascimento); 96,10-12 (Negação); 14,8.11 (Paixão); 90,8 (Pão); 90,8 (Pastor); 14,15; 16,6; 48,26 (Ressurreição); 14,2 (Revelação); 16,2; 54,21; 84,14s.; 90,6; 92,4 (Sangue); 2,20; 92,1 (Verbo de Deus); 90,13 (Voz). V. Crisma, Instituição da

Eucaristia, Lenho, Credo, Doxologia, Invocações

Cruz, v. Cristo, Lenho, Signação

Dádivas: 62,1-15

Demônio: 98,8 (*Aduersarius*); 42,11 (*Alienus*); 14,12; 34,6 (*Daemonium*); 14,12; 98,3 (*Diabolus*); 14,13 (*Infernum*); 46,12 (*Satana*); 84,16 (*Spiritus Alienus*)

Deus: 2,3; 56,3; 102,20. – Nome de Deus: 8,12.13; 84,12. – Voz de Deus: 88,6. – Temor de Deus: 88,8. – *Benedicere Deum*: 90,2.18. – *Gratias agere Deo*: 28,17; 78,13. – *Laudare Deum*: 94,25. – *Orare Deum*: 82,4; 88,3; 90,3. – *Placere Deo*: 58,11; 72,20

Diaconato: 28,2

Diáconos: 10,18; 32,4; 46,7.8; 48,1; 54,15; 56,22; 60,3.6; 62,1; 64,1; 66,1; 72,7.9; 80,11; 86,1.2. V. Eleição

Diálogo inicial, saudação e exortação: 10,21 a 12,10

Dignidade: 10,16; 16,9; 28,3.12; 42,2; 44,5; 52,3.6; 56,23; 68,10.19; 70,4; 72,7; 102,21

Doctor: 32,9; 40,1.10; 88,6.10.14

Domingo: 4,15; 60,1

Dons de Deus, do Espírito Santo: 56,12; 94,8. V. *Charisma*

Doutrina: 102,17. V. Instrução

Doxologia: 10,8s.; 16,18s.; 22,6s.; 26,14s.; 52,9s.; 76,12s. V. Hanssens, *op. cit.*, p. 472.

Eleição (Escolha), Inscrição, Instituição, Nomeação, Ordenação:

20,17 (Anciãos); 42,1 (*Baptizandi*); 4,10-11; 6,6s.; 8,15 (Bispos); 6,20 (Chefes e Sacerdotes); 24,17; 30,10 (Clero); 28,1-5 (*Confessores*); 22,13-19; 24,9; 26,1-10 (Diáconos); 30,13.16 (Leitores); 20,1s.; 24,9s. (Padres); 6,18 (Raça dos Justos de Abraão); 32,3 (Subdiáconos); 32,1-2 (Virgens); 30,1-12 (Viúvas)

Enfeites: 46,1

Enfermos: 42,4; 62,2.11; 80,14.16

Epiclese: 16,12-18

Episcopado, v. Bispo

Escravos: 32,13-14; 38,5

Esperança: 18,18; 96,13

Espírito, generoso: 8,6. – da graça e do conselho, do presbitério, do sacerdócio: 8,23; 20,12; 22,3; 24,5.13; 26,7. – que há no homem:

100,4. – de Deus: 20,18; 38,10

Espírito Santo: 7,4; 14,3; 16,17; 52,7; 88,13. V. Doxologia, Credo, Saudações

Espírito Santo de Deus: 16,12

Esposo: 96,5

Estranho, v. Demônio

Estranhos: 42,40; 46,14 (Espíritos -); 46,2 (objetos -)

Eucaristia, Comunhão, Comungar: 16,16; 44,4; 56,15.16.18.19; 58,1.3.4; 60,4.6.10; 66,14.17; 82,15; 84,2

Eulogia: 66,14. V. *Benedictio*

Evangelho: 42,5

Exemplo: 18,17

Exorcismo, Exorcizar: 42,7.8.19.21; 46,6. V. Óleo

Exsuflação: 42,21

Fé, Crença, Crer: 14,9; 32,10; 42,11; 54,23.26; 56,7; 82,16; 88,14; 94,11.26; 96,12; 98,6; 100,10; 102,2.9

Ficha branca: 58,19-20

Fiéis: 16,16; 32,14; 36,12; 40,2.3.5; 54,7.8; 64,2; 66,9.11; 72,6; 82,1.13; 88,1; 90,19; 96,20. V. Crentes

Figura, v. Imagem, Representação

Filhos de Israel: 96,11. V. Judeus

Flores: 78,9-11

Fonte: 44,8; 94,9

Fórmula sacramental do Batismo: 46,11s.

Fronte: 44,1; 54,1; 98,2; 100,11

Frutos: 74,10; 76,6.12; 78,1. V. Primícias

Genuflexão: 42,18

Glória: 18,20; 64,5.12s.

Graça: 4,5 (do Espírito Santo); 6,17; 52,7 (de Deus); 8,22 (graças da Igreja)

Graças: 18,4; 28,14; 46,3; 62,6; 64,2.4.7; 68,3; 76,1s.; 78,13

Gratidão: 102,1

Herdeiro: 26,13

Heresia, Herético: 4,2-3; 102,14.16

Homem Interior: 56,11-12; 100,1. V. Alma

Horas: 44,7; 96,9.10 (canto do galo); 82,1; 88,2 (manhã); 90,1 (hora terceira, nove horas); 90,10-12 (hora sexta, meio-dia); 90,16; 92,2 (hora nona); 54,3; 64,1.9.10; 92,6 (cair da tarde); 92,14-15; 94,12 a 96,8 (meia-noite)

Igreja: 4,8; 6,16; 8,9-10.22; 16,14; 26,10; 58,11; 60,14; 62,12; 102,21. V. Santuário

Igrejas: 2,11

Igreja: Casa de oração: 40,3; 50,17; 60,22; 86,5; 88,7.9.11.17. – Local onde floresce o espírito, 82,10-11; 88,17

Iluminar: 14,13; 64,8; 92,1.5.8

Imagem: 2,6-7; 8,21; 54,20; 80,5; 90,6-7; 92,9

Imposição das mãos: 4,16; 6,6; 10,19; 20,2; 22,15-16.18-19; 24,11.18; 28,2.5.12; 30,8.15-16; 32,1.4.6; 40,10; 42,6.19; 48,5.19; 52,1-2.16-17

Infiéis: 58,17; 84,2

Inquirição: 32,9-10.12; 34,8s.; 38,1; 42,1

Inscrição, Instituição, v. Eleição

Instituição da Eucaristia: 14,15-19; 16,1-5

Instrução, Instruir, Instrução pelo Verbo, Catequese: 32,8.12.15; 34,3.6.7.9; 38,6.11; 40,1.12; 42,11; 44,3; 58,14; 82,6.8; 86,4; 88,4.9.18; 96,22. –

Instrução superior, 2,12. V. Voz de Deus

Invocação: 52,2s. V. Oração

Invocações: 8,4s.14ss.; 20,9s.; 26,7s.

Jejum, Jejuar: 42,15; 60,12-20; 78,21-22.26; 80,5-8

Jesus: 6,10; 8,7; 10,8; 12,16; 14,2. V. Cristo

João: 58,19

Judeus: 90,14. V. Filhos de Israel

Juízo: 50,2-3

Justos: 14,13; 90,16; 94,24. – Santos: 2,9; 6,18. – Eleitos: 8,3-4

Laços: 10,3

Legumes: 78,7-8

Lei (preceito, *mandatus, terminus, praeceptum, lex*): 6,16; 8,25; 10,1-2; 14,14-16; 38,7; 90,4

Leigo: 40,12; 60,15; 72,13-14

Leite: 56,25

Leite e mel: 56,1.4

Leitor, v. Eleição

Leitura: 44,2; 88,10.19

Lenho: 90,4.11

Liturgia: 30,10.11

Livro: 30,15; 88,19

Louvor: 76,9

Lucernare: 64,1-15

Luz: 64,8-9.10.11; 96,13. V. Iluminar

Magistério: 34,14

Mel, v. Leite e mel

Memória: 16,4.6

Ministerium: 8,1-2 (administração); 22,20-21 (serviço); 26,16

Moderação: 68,16s.; 70,1s.; 72,1-14

Moisés: 20,17; 100,5

Moralização da Igreja (*aedificatio*): 102,3

Mortal: 82,16

Morte: 14,11; 16,6; 40,14; 48,25.27

Mulheres: 34,3; 36,14; 40,2-4.6-9.15; 78, 22-26. – Concubinas: 38,5-7. V. Virgens, Viúvas

Oblação: 10,18 a 16,25; 18,1-21; 30,9; 44,5; 54,14s.; 56,1s.; 58,14; 66,1-4; 78,19-20. – Oblação da santa Igreja: 16,13

Oferenda: 10,7.15; 16,7; 18,1.13; 18,14.21; 26, 11-14; 60,22; 70,8-9 (*apophoretum*); 74,12; 76,1s.; 78,9; 90,5 (*panis propositionis*)

Óleo: de ação de graças: 46,4-5.8. – de exorcismo: 46,6.7.13. – santificado: 50,13.14; 52,15.18. V. Azeite

Oração, Orar, Rezar: 6,2.7; 20,7; 28, 18-22; 40,2-4.10; 42,18; 44,7; 54,6-9; 60,14; 64,6.16; 82,4; 86,5; 88,3; 90,1.3. 10-13; 92,13.16-22; 94,13.27; 96,10. – A Oração: 30,12

Orações: da consagração episcopal: 6,9 a 10,13. – da Oblação: 12,14 a 16,25. – da ordenação do presbítero: 20,9 a 22,11. – da ordenação do diácono: 26,2-18. – do Crisma: 52,2-13. – do *Lucernare*: 64,7-15. – da bênção dos frutos: 76,1-16

Ordenação, v. Eleição

Ortodoxia: 4,5; 28,22

Ósculo, Ósculo da paz: 10,15; 40,5; 54,2.10

Ouro: 46,1

Pagão: 34,1

Pai, Padrinho: 42,4; 44,13.14

Paixão, v. Cristo

Paixões: 30,6

Palavra de Deus: 26,3; 56,4; 66,7; 76,4. V. Instrução

Pão: da comunhão: 54,16; 56,16.18; 60,3.5; 66,12. – da *eulogia*: 66,8.13. – de exorcismo: 68,3; 76, 12. – do jejum: 78,26. – da Oblação: 14,16; 16,8; 18,2. – da oferenda dos fiéis: 60,24. – da proposição: 90,5

Páscoa: 78,19; 80,3

Pastor, v. Cristo

Piedade: 58,12; 98,2

Pôncio Pilatos: 48,25

Porto: 101,22

Povo: 4,11.13; 14,6; 20,14.16; 32,9; 34,6; 60,3.8.19

Povos: 72,21

Prece (súplica): 40,10;
90,15

Prefácio: 12,14s.

Presbiterato: 28,3.4

Presbyter: 20,1.4;
24,6.10.11.13.17;
26,8.9.10.15; 50,12;
56,20; 60,4.6-8.14;
62,3; 66,3; 72,6; 86,1

Presbyterium: 4,14.18;
10,20; 24,5

Primícias: 74,12. V. Frutos

Profetas: 18,10

Profissão de fé: 48,5-27;
50,4-9. V. Credo

Promessa: 56,2

Prudência, v. Moderação

Purificação: 34,7; 42,9.
V. Exorcismo

Queijo: 18,14

Quinquagésima: 80,4

Quinto dia da semana:
42,13

Rebanho: 8,17; 16,15

Reis: 18,10

Remissão dos pecados:
8,24-25; 40,14-15;
52,4-5

Renúncia, Renunciar:
34,10.12.14;
36,2.5.7.8.9.10; 38,4.7;
46,11.13

Representação: 54,16;
56,11; 84,13

Ressurreição: da carne:
50,7; 58,15. – dos
mortos: 96,14.
V. Cristo

Reunião dos presbíteros e
diáconos: 86,1s.

Revelação: 32,5. V. Cristo

Sábado: 42,16; 78,24

Sacerdócio: 8,18.23; 22,20

Sacerdotes: 6,19; 18,10

Sal da terra: 70,6

Saliva (imagem da água):
94,5

Salmos: 64,16; 66,2-4.6.8

Sangue do cordeiro:
100,7. V. Cristo

Santidade: 18,8

Santos: 2,9; 70,5; 90,19

Santuário: 8,1.10; 26,12. V. Igreja

Saudações: 40,6-7; 54,2s.; 64,3-4. V. Orações

Segredo: 58,17

Segundo mês: 80,6-7

Senhor: 94,20; 96,2. – Nome do Senhor: 28,1.10; 40,13; 72,18

Servidor, Servo de Deus: 8,15; 20,11.19; 26,9

Signação: 44,1; 54,1-3; 94,3s.; 98,1s.; 100,12

Signum: 62,2

Silêncio: 6,1; 70,16s.; 72,1s.

Sinal da Paixão: 98,3

Sinal interior do Verbo: 100,2

Sobras dos santos: 70,14

Sopro: 94,4. V. Exsuflação

Subdiácono: 32,3; 80,12. V. Eleição

Sumo sacerdote (Melquisedec): 26,14

Sursum corda: 12,4; 64,5

Tentação: 96,24; 98,1

Terra: 56,4; 70,6; 76,5

Testemunho, Testemunhar: 32,11.15; 42,5; 96,1

Trabalho: 82,3-5; 86,5; 88,2-3

Trabalhos e Artes: 34,8s.

Tradição: 2,10-15; 4,5; 94,16; 96,21; 102,8

Trevas: 90,12-14

Unção, Ungir: 18,8.9; 46,13; 50,11-14; 52,17

Verbo, Palavra da graça de Deus: 6,16; 100,1 (cf. *Bíblia Sagrada*, versão portuguesa citada, Zc 12,10)

Verbo de Deus: 100,2. V. Instrução

Verdade: 4,5; 80,8

Véspera de sábado: 42,16

Vésperas, v. *Lucernare*

Vida: 36,17

Vida eterna: 102,4

Vigília: 44,2; 96,7

Vinho: 18,2; 54,19; 56,26; 74,6

Virgem Maria: 12,23; 14,3; 48,24

Virgens: 32,1-2; 60,12; 64,16

Viúvas: 35,1-12; 42,3; 60,12; 62,10; 74,1

Vontade de Deus: 2,5; 12,19; 14,5; 26,5; 52,8

Voz de Deus: 88,6

Índice sistemático[*]

Sumário, 5

Prefácio, 7

Introdução, 11

Referências, 43

Glossário, 47

Siglas, 59

Texto, 63

    Prólogo, 65

  Parte I

    Eleição e consagração dos bispos[**], 66

    Eucaristia, 69

---

[*] Em relação à estruturação numérica, cf. página 60, subtítulo "números".

Bênção do azeite, 73

Bênção do queijo e das azeitonas, 73

Ordenação dos presbíteros**, 74

Ordenação dos diáconos**, 75

Os *confessores**, 77

As viúvas*, 78

Os leitores*, 79

As virgens*, 79

Os subdiáconos*, 79

O dom da cura*, 80

Parte II

Os que se aproximam da fé*, 80

Os trabalhos e artes proibidos**, 81

Os catecúmenos, 84

Os que receberão o Batismo*, 86

A tradição do santo Batismo*, 87

A Confirmação, 91

A Primeira Eucaristia, 93

Parte III

A comunhão dominical, 96

O jejum*, 97

O ágape, 97

Os frutos que se devem oferecer ao bispo*, 103

A bênção dos frutos, 104

O jejum da Páscoa, 104

Os diáconos devem trabalhar incessantemente junto ao bispo*, 106

O momento da oração*, 106

A comunhão diária, 106

Reunião dos presbíteros e dos diáconos, 108

Os locais de sepultura*, 108

O momento em que se deve rezar*, 109

O sinal da cruz, 113

Epílogo, 114

Apêndice – Textos catequético-litúrgicos de São Justino, 117

Introdução, 117

Comentário, 122

Diálogo com o judeu Trifão, 126

Texto, 129

Índices, 143

CLÁSSICOS DA INICIAÇÃO CRISTÃ

Veja outros títulos da coleção em

livrariavozes.com.br/colecoes/classicos-da-iniciacao-crista

ou pelo Qr Code

Conecte-se conosco:

f facebook.com/editoravozes

[O] @editoravozes

[X] @editora_vozes

[▶] youtube.com/editoravozes

[☏] +55 24 2233-9033

www.vozes.com.br

Conheça nossas lojas:

www.livrariavozes.com.br

Belo Horizonte – Brasília – Campinas – Cuiabá – Curitiba
Fortaleza – Juiz de Fora – Petrópolis – Recife – São Paulo

EDITORA VOZES LTDA.
Rua Frei Luís, 100 – Centro – Cep 25689-900 – Petrópolis, RJ
Tel.: (24) 2233-9000 – E-mail: vendas@vozes.com.br